上行，下效。
存乎中，形於外。

——翡翠石板（約西元前3000年）

As above, so below.
As within, so without.

—— *The Emerald Tablet* , circa 3000 BC

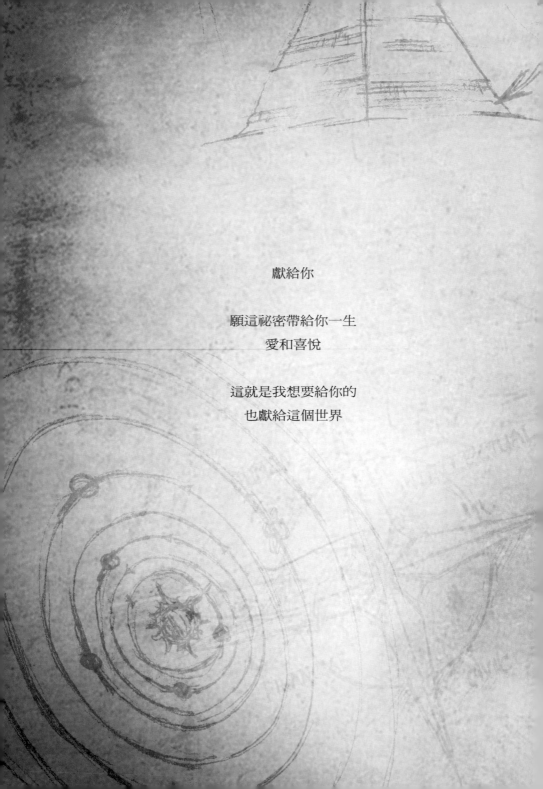

獻給你

願這祕密帶給你一生
愛和喜悅

這就是我想要給你的
也獻給這個世界

目錄

前言

　　一年前，我周遭的生活完全崩潰了。工作得精疲力盡、父親突然身故；和同事、親人之間的相處關係也是一團糟。然而當時我卻不知道，就在沮喪絕望之中，竟伴隨著最棒的恩賜。

　　我瞧見一個至大的祕密——生命的祕密。在女兒海莉給我的一本百年古書中，我發現了它。我開始在史料中追尋；難以置信的是，過去知道這祕密的，竟然都是歷史上的偉大人物：柏拉圖、莎士比亞、牛頓、雨果、貝多芬、林肯、愛默生、愛迪生、愛因斯坦。

　　帶著懷疑，我問自己：「為什麼不是每個人都知道呢？」心中充滿與世人分享的強烈渴望，我開始尋找當今世上知道這祕密的人。

　　他們一個個地出現了。我成了一塊磁鐵：當我開始尋找，現今的大師們就陸陸續續向我走來。像個完美的鍊圈般，發現一位導師之後，就會接連到下一位。若我偏離了路徑，就會有其他事物吸引我的注意，也藉由這樣的轉移，下一位導

師又會出現。在網路上找資料時，如果「不經意地」按到某
個錯誤的連結，也會把我帶到極重要的關鍵資訊上。短短幾
個星期內，我回溯數個世紀的史料追蹤這個祕密，並發現了
這祕密的當代實踐者。

於是，將這祕密用影片的方式傳播到全世界，成了我心中
的願景。接下來的二個月，我的影片及電視製作團隊都在學
習這個祕密。讓每個成員都了解這個祕密是很重要的，因為
缺少了它，後續要做的事就不可能進行。

沒有一位導師是我們事先確定願意合作的。但由於我們知
道這個祕密的力量，於是帶著十足的信心，我從澳洲飛往多
數導師的所在地──美國。七週後，我們的團隊拍下了五十
五位全美最偉大導師的影片，總片長超過一百二十小時。我
們的每一步、每個呼吸，都在運用這個祕密來創造《祕密》
這部片子；我們真的吸引來所有的人事物。八個月後，《祕
密》發行了。

隨著這部片子遍佈全世界，奇蹟似的故事開始如潮水般湧
至：有人寫信說，長年的病痛、憂鬱症和疾病痊癒了；有人
在意外發生後，第一次站起來走路；甚至有人從臨終病床上
活了過來。我們收到成千上萬的信，訴說著他們運用這個祕
密後，帶來巨額財富和意外之財的故事。人們利用這祕密，
使他們理想中的房子、人生伴侶、車子、工作和升遷都一一

出現。還有許多商場上運用這個祕密才幾天，生意就有了轉變的事實；以及親子間的緊張關係，終於恢復和樂的溫馨故事。

有些動人的故事來自於孩童，訴說他們如何運用這個祕密，吸引他們所想要的事物──包括獲得高分成績和朋友。這個祕密使醫師想把它分享給病人、大學和各級學校想分享給學生、健康俱樂部想分享給顧客、各教派的教會和靈修中心想分享給會眾。全世界還有許多家庭舉辦聚會，將這個祕密的知識分享給他們的至親和家人。這個祕密被用來吸引各式各樣的事物──從一根特別的羽毛，到數以千萬計的財富。影片才發行幾個月，這些全都發生了。

之前會想製作這部《祕密》的目的是──現在仍然是──為全世界數億人帶來快樂喜悅。我們的製作小組每天都看到這個目的一點一滴地實現；我們收到來自全世界各年齡層、各個種族、各種國籍數千數萬如雪片般飛來的信件，為這祕密帶來的喜悅表達感激。了解這個祕密，就沒有做不到的事；不論你是誰、或是身在何處，你想要什麼，這個祕密都能給你。

本書以二十四位神奇的導師為主角，雖然他們的談話都是在不同的時間點、在美國不同的地方拍攝而成，但他們卻像是同一個人在說話。本書包括了導師們對這個祕密的談話，以及這個祕密發揮作用的神奇故事；當中我也分享了我學到

的簡單方法、技巧和捷徑，讓你能夠過著夢想中的生活。

你會發現，書中的某些地方，我把「**你**」這個字用粗體字強調出來。理由是，我希望你能夠去感受、並且知道，這本書是為你而創作的。當我說**你**時，是針對你個人而說的；我的目的是，讓你和書裡的話語產生個人的連結。因為這祕密正是為**你**而存在。

當你漫遊在書中的話語、學習這個祕密的同時，你將會知道如何去擁有、成為、或去做任何你想要的事。你會知道自己的真實面目。你會知道，那等待著你的、真實華麗的世界。

感謝

　　我要對那些出現在我生命中，曾經鼓勵、影響、啟發我的每一個人，表達最深的感謝。

　　我也要向以下的人表達我的感激。由於他們大力的支持和貢獻，我這趟追尋之旅與本書才得以完成：

　　我要向《祕密》的共同作者群致意，因為他們慷慨分享了他們的智慧、愛和神性：約翰・亞薩拉夫、麥可・柏納德・貝奎斯、李・布勞爾、傑克・坎菲爾、約翰・迪馬提尼醫師、瑪莉・戴蒙、麥克・杜利、包伯・道爾、海爾・多斯金、莫里斯・古德曼、約翰・葛瑞博士、約翰・海傑林博士、比爾・哈利斯、班・強生博士、羅洛・朗梅爾、麗莎・妮可絲、包伯・普克特、詹姆士・雷、大衛・希爾莫、瑪爾西・許莫芙、喬・維泰利博士、丹尼斯・維特利博士、尼爾・唐納・沃許，以及弗萊德・亞倫・吳爾夫博士。

　　感謝《祕密》製作小組裡那些了不起的人：保羅・哈林頓（Paul Harrington）、葛蓮達・貝爾（Glenda Bell）、絲凱・拜恩（Skye Byrne）和尼克・喬治（Nic George）。也要謝謝杜魯・海利特（Drew Heriot）、丹尼爾・克爾（

Daniel　Kerr）、達米安・克爾伯伊（Damian　Corboy），以
及我們製作《祕密》的旅程中所有的參與者。

感謝Gozer多媒體為我們製作了一流的圖片，以及為這些
圖片注入這個祕密氛圍的人：詹姆士・阿姆斯壯（James
Armstrong）、薛莫斯・霍爾（Shamus Hoare）、安迪・路
易士（Andy Lewis）。

感謝《祕密》的執行長包伯・雷隆（Bob　Rainone），他
是來自天堂的使者。

感謝麥可・加德納（Michael　Gardiner）及橫跨澳洲和美
國的法律顧問團。

感謝《祕密》網站團隊：丹・霍林斯（Dan　Hollings）、
約翰・赫倫（John　Herren）；管理維護《祕密》論壇的「
強大念力團」（Powerful　Intentions）所有成員，以及論壇
上那些好棒的朋友。

感謝過去那些偉大的人物與大師級的導師，他們的作品
點燃了我內心渴望的火燄。我曾漫步在他們偉大的身影下，
我要對他們每一位表達崇高的敬意。尤其要特別感謝羅伯
特・柯里爾和羅伯特・柯里爾出版社、華勒思・華特斯、查
爾斯・哈尼爾、約瑟夫・坎伯和約瑟夫・坎伯基金會、普蘭
特斯・馬福德、吉納維夫・白漢德，以及查爾斯・費爾摩。

感謝開放心胸、擁抱《祕密》的言外之音出版社（Beyond Words）──理查・柯恩（Richard　Cohn）和辛喜雅・布雷克（Cynthia　Black）；以及賽門・舒斯特（Simon & Schuster）出版公司──裘蒂絲・柯爾（Judith　Curr）。感謝編輯者：亨利・柯維（Henry　Covi）和裘莉・史戴格華德（Julie Steigerwaldt）。

感謝慷慨分享故事的凱西・古德曼（Cathy　Goodman）、斯洛特夫婦（Susan　and　Colin　Sloate）、貝里斯自然能源公司（Belize Natural Energy）董事蘇珊・莫瑞斯（Susan Morrice）、吉妮・麥凱（Jeannie MacKay），以及喬・史格曼（Joe Sugarman）。

感謝啟發教導我們的羅伯特・安東尼博士（Dr. Robert Anthony）、希克斯夫婦（Jerry and Esther Hicks）和亞伯拉罕教誨（the teachings of Abraham）、大衛・凱莫隆・吉康第（David Cameron Gikandi）、約翰・海利夏朗（John Harricharan）、凱薩琳・龐德（Catherine　Ponder）、漢德克斯夫婦（Gay and Katie Hendricks）、史帝芬・卡威（Stephen MR Covey）、艾克哈特・托爾（Eckhart Tolle）以及戴比・福特（Debbie Ford）。感謝大力協助的亞特伍德夫婦（Chris and Janet Attwood）、瑪西雅・馬丁（Marcia Martin）；以及「轉型領導會」（Transformational Leaders Council）、「靈性電影團體」（Spiritual　Cinema　Circle）的所有成員；還有「大愛靈性中心」（Agape Spiritual Center）的工作人員、《祕

密》影片中導師們的工作伙伴。

感謝我珍愛的朋友們的愛和支持：馬爾西・科頓克利（
Marcy Koltun-Crilley）、瑪格麗特・雷隆（Margaret Rain-
one）、雅典娜・古利尼斯（Athena Golianis）和約翰・沃克
（John Walker）；伊蓮・貝特（Elaine Bate）、安德列・凱爾
（Andrea Keir）和亞貝夫婦（Michael and Kendra Abay）。
還有我神奇的家人彼得・拜恩（Peter Byrne），和我非常特
別的姐妹們——珍妮・柴爾德（Jan Child）給予本書無價的
幫助、寶琳・維南（Pauline　Vernon）、已故的凱伊・以桑
（Kaye Izon），以及永遠在我身旁給予無盡的愛和支持的葛
琳達・貝爾（Glenda　Bell）。感謝我那兼具勇氣與美麗的母
親——愛琳・伊桑（Irene Izon）；還有紀念我的父親——雷
諾・伊桑（Ronald Izon）——他的光芒和愛至今仍照亮著我
們的人生。

最後我要感謝我的女兒——海莉和絲凱。感謝海莉，她幫
我找到了我生命和人生真實旅程的起點。感謝絲凱，她跟隨
我的腳步，參與了本書的製作，編輯得很出色，讓我的文字
改觀。女兒是我生命中的珍寶；她們的存在，振奮了我生命
中的每一刻。

祕密的揭露

包伯·普克特
（哲學家、作家、人生導師）

這個祕密能帶給你任何你想要的——幸福、健康和財富。

喬·維泰利博士
（玄學家、行銷專家、作家）

你可以擁有、去做、或成為任何你想要的。

約翰·亞薩拉夫
（企業家、理財專家）

不論它有多大，我們都能擁有我們所選擇的。

　　你想住什麼樣的房子呢？你想成為億萬富翁嗎？你想做什麼事業呢？你想要有更多的成就嗎？你到底真正想要什麼？

約翰・迪馬提尼醫師
（哲學家、整脊師、治療師、個人轉化專家）

這是生命的大祕密。

丹尼斯・維特利博士
（心理學家、心智潛能訓練師）

過去擁有這祕密的領導者，為了保持自身的權力不與人分享，於是就讓他人對這祕密保持無知的狀態。人們去工作、做事、然後回家；他們沒有權力，只能繼續做這些單調乏味的工作。因為這祕密只掌握在少數人手中。

歷史上一直有許多人覬覦這個祕密的知識，也有許多人找到了傳佈這個祕密讓世人知曉的途徑。

麥可・柏納德・貝奎斯
（夢想家、國際大愛靈性中心創辦者）

我看過許多發生在人們生活中的奇蹟：財務上的奇蹟、身體和精神療癒的奇蹟，以及關係癒合的奇蹟。

傑克・坎菲爾
（作家、教師、人生導師、勵志演說家）

這一切的發生，是因為知道如何運用這個祕密。

這祕密是什麼？

 包伯・普克特

你現在可能正納悶著：「這個祕密是什麼？」我會告訴你我是怎麼明瞭的。

我們都根據一個「無限的力量」運行著，也被同樣的法則導引著。宇宙的自然法則是如此地精準，因此我們才能毫無困難的建造出太空船，把人類送上月球，並分秒不差地掌握登陸時間。

不論你身在何處——印度、澳洲、紐西蘭、斯德哥爾摩、倫敦、多倫多、蒙特婁或紐約——我們都是依循同一個力量和法則在生活與工作。那就是「吸引力」！

這個祕密就是「吸引力法則」！

你生命中所發生的一切，都是你吸引來的。它們是被你心中所抱持的「心像」吸引而來；它們就是你所想的。不論你心中想什麼，你都會把它們吸引過來。

「你的每個思想都是真實存在的東西——它是一種力量。」

——普蘭特斯・馬福德（新時代思想家，1834－1891）

　　在這世上出現過的偉大導師都教導我們，宇宙中最有力量的法則就是「吸引力法則」。

　　如莎士比亞、布朗寧（Robert Browning）、布雷克（William　Blake）之類的詩人，他們在詩裡頭傳達它；像貝多芬等音樂家，就透過音樂表達它；達文西等的藝術家，則在繪畫裡描寫它；還有包括蘇格拉底、柏拉圖、愛默生、畢達哥拉斯、培根、牛頓、歌德、雨果等偉大的思想家，則在他們提出的道理和著作中分享它。他們的名字永垂不朽，他們的傳奇故事百年不衰。

　　像印度教、煉金術、佛教、猶太教、基督教和伊斯蘭等宗教，以及古代巴比倫和埃及的文明，也都藉由文字和故事傳達這個祕密。藉由各種形式，這個祕密被記錄流傳了好幾個世代，每個時代都能在古文中發現這個法則。紀元前三千年，它就被記載在翡翠石板上了。雖然過去也曾有人覬覦這個知識——真的有人這麼做——這祕密卻仍有待人們去發掘。

　　這法則在萬古之初就開始運行了。它一直都在，也將永遠存在。

　　就是這個法則決定宇宙的完整秩序、決定你生命中的每分每秒，以及生活中經歷的每一件事。不論你是誰、或是身在何處，吸引力法則都在形塑你的整個生命經驗；而這個無上法則，正是透過你的思想來運作。讓吸引力法則起作用的，就是**你**——藉由你的思想。

　　查爾斯・哈尼爾在一九一二年這麼描述吸引力法則：「整個生物系統都依之運作的最偉大、又絕無差錯的法則。」

包伯・普克特

> 智者一直都明白這個祕密。回頭看看古代的巴比
> 倫人，他們也都明白這個祕密；他們是得天獨厚
> 的少數人。

古代巴比倫人和他們驚人的富裕繁榮，學者們都作了詳細
的文獻記載。他們也以創造出世界七大奇觀之一的「巴比倫
空中花園」聞名於世。他們藉由對宇宙法則的了解與運用，
成為歷史上最富有的種族之一。

包伯・普克特

> 你想想看，為什麼那些只佔人口總數百分之一的
> 人，卻賺走了全世界百分之九十六的財富？你以
> 為那只是意外嗎？那是有原因的。因為他們了解
> 某些事情，他們明白這個祕密。現在，我們將帶
> 領你認識這個祕密。

所有在生活中吸引財富的人，其實都在使用這個祕密
——不論他們自己曉不曉得。他們用富裕與豐饒的思想來思
考，絕不讓與之矛盾的想法生根。

他們心中的主要思想就是財富，他們只知道財富，心中沒
有其他想法。不論他們有沒有察覺到這一點，帶給他們財富
的，正是這些佔據他們心中的思想。這就是吸引力法則實際
運作的情形。

　　舉一個「祕密」和吸引力法則實際運作的完美例子：你該聽說過某些獲得巨額財富的人，賠光了錢，但在短短的時間內又再度賺回驚人的財富吧？不論他們自己知不知道，發生在這些案例身上的實際情況是——他們心中的主要思想是放在「財富」上面，這正是他們一開始會獲得財富的原因；然後他們讓「害怕失去財富」的思想進入心中，直到失去財富的恐懼成了他們的主要思想。是他們自己把思想的天平，從「財富」端傾向「失去」端，所以把錢全賠光了。然而一旦錢沒了，「失去」的恐懼隨之消失，他們的主要思想又會回到天平「財富」的那一端，於是財富就又回來了。

　　不論你想的是什麼，這法則都會給你回應。

同類相吸

約翰・亞薩拉夫

對我來說，看待「吸引力法則」最簡單明瞭的方式是，把自己想成是一塊磁鐵，知道它會吸引某個東西。

你是宇宙中吸引力最強的磁鐵！在你心中，有著比世界上任何東西都更強而有力的磁引力；這無法估量的磁引力，正是透過你的思想散發出來。

包伯・道爾
（作家、吸引力法則專家）

基本上，「吸引力法則」說的就是「同類相吸」的道理；但實際上，我們是從思想上的層次來說的。

吸引力法則說：「同類」會吸引「同類」，因此當你腦中出現一個思想，也會吸引其他同類的思想過來。以下是更多生活中你可能有過的吸引力法則經驗：

你是否曾經一開始去想某件不愉快的事情之後，就似乎愈想愈不愉快？那是因為，當你持續一種想法，吸引力法則會立刻帶來更多同類的思想給你。才幾分鐘，你就引來了這麼

多同類的不愉快思想，於是整個狀況就顯得越來越糟糕。越想，你就越煩。

　　你或許曾經在聽某首歌時，有過吸引同類思想的經驗；你會發現，你無法在腦海中擺脫掉那首歌，它會在你心裡頭一遍又一遍地重複。那是因為，在聽那首歌的同時——就算你沒有察覺——你已經把全部的注意力和思想焦點放在上頭了；當你這麼做時，就會強力吸引更多與那首歌同類的思想。於是吸引力法則開始作用，一直不斷帶來更多那首歌的思想。

 約翰・亞薩拉夫

　　身為人類，我們的任務就是持續保有我們想要的事物的思想，讓我們想要的事物在心中保持絕對的清晰，從而啟動宇宙最偉大的法則之一——「吸引力法則」。你會成為你最常想的人，也會吸引來你最常想的事物。

　　目前的生活就是你過去思想的映現——包括所有美好的事，以及你認為不那麼美好的事。既然「你最常想的事」會被你吸引過來，那麼要了解你生活中每個面向的主要思想，就變得輕而易舉，因為它就是你的生命經驗！但現在開始不一樣了！現在你正在學習這個祕密；運用它，你就能改變一切。

包伯‧普克特

你在心中見到的，將會成為你手中得到的。

　如果能在心中想著你所要的，並且讓它成為你的主要思想，那麼你就會把它帶進你的人生。

麥克‧杜利
（作家、國際級演說家）

這個原理可以歸納成簡單的一句話：思想變成實物！

　藉由這個最有力量的法則，你的思想變成生活中的實物。思想變成實物！不斷地對自己這樣說，讓它滲透到你的意識和知覺裡。思想變成實物！

約翰‧亞薩拉夫

大多數人不了解的是，思想有它的頻率。思想是可以測量的。因此如果你一再不斷地想它，在心中想像擁有全新的車子、獲得所需的金錢、成立一家公司、找到靈魂的伴侶……當你在想像那是什麼樣子時，就是在發出一種持續性的頻率。

喬‧維泰利博士

思想會發出磁力訊息，並將相同的事物吸引回來。

「主要的思想或者心態，就是磁鐵；同類相吸，就是法則。結果必然是，心態會吸引與其本質相呼應的狀態。」

——查爾斯‧哈尼爾 (1866－1949)

　　思想是具有磁性的，有著某種頻率。當你思考時，那些思想就會發送到宇宙中，它們會像磁鐵般，吸引所有相同頻率的同類事物。所有發出的思想，都會回到源頭。那個源頭，就是**你**。

　　你可以這樣想：我們知道電視公司的發射台，是藉由放送某個頻率，然後轉成家中電視的畫面。其實大多數人都不知道它是怎麼運作的，但我們知道，每個頻道都有一個頻率，當轉到那個頻率，我們就會看到電視的畫面。我們藉由挑選頻道來選擇頻率，然後看到該頻道的畫面。如果想看不同的電視畫面，我們就得切換頻道，調到新的頻率上。

　　你是一個人體發射台，而且比世上任何電視發射台都更強而有力。你是宇宙中力量最強大的發射台，你的傳送創造了你的生命和這個世界。你傳送出的頻率到達的地方，是超越

城市、國家和這世界的。它會在整個宇宙中迴盪，而你就是用你的思想來傳送那個頻率！

藉由你的思想傳送的畫面，可不是客廳電視機裡的影像，而是你的生命畫面！你的思想產生了頻率，於是它們吸引該頻率上同類的事物，然後傳送回到你身上，變成你的生命畫面。如果想改變生命中的任何事，就藉由改變你的思想，來轉換頻道和頻率。

「精神力的振動是最細微的；因此，也是現存事物中最有力量的。」

——查爾斯·哈尼爾

包伯·普克特

把自己當作生活在富足之中，你就會吸引富足。這招每次都能奏效，而且對所有人都管用。

當你認為自己生活在富足之中，你就是在藉由吸引力法則，有力而有意識地決定你的生命。事情就這麼簡單。但是，最明顯的問題來了——「為什麼不是每個人都過著他夢想中的生活？」

吸引好的，不要壞的

約翰・亞薩拉夫

問題就在這裡。大多數人都在想著他們不想要的
事物，還納悶怎麼這些事一直不斷出現。

人們之所以無法擁有他們想要的，理由只有一個，就是他
們對「不想要的」想得比「想要的」多。聽聽你的思想、和
你所說的話吧。這法則是絕對的，而且不會有差錯。

「不想要」是一個猖獗了數個世紀，比人類所曾見過的瘟
疫更為嚴重的流行病。當人們把主要的所思、所言、所行都
集中在「不想要的」事物，就能讓這種流行病一直存活著。
然而我們這一代將會改變歷史，因為我們正在接受免於感染
這種流行病的知識！它由你開始。只要你的所言、所思都只
關乎你想要的，你就成了這新思想運動的開拓者。

包伯・道爾

吸引力法則不會去管你所感受的是好、是壞；也
不會管你想不想要它。它只是回應你的思想。因
此，如果你只是看著堆積如山的債務、對它感覺
糟糕透頂，那你就是在對宇宙發出訊號說：「我
真的感覺很糟，因為有這麼多的債務。」這樣一
來，你只是向自己確定了它的存在；你在生命中

的每個層面都會感覺到它，你得到的將會是越來越多這種感覺。

　　吸引力法則就是自然的法則。它是客觀的，眼中沒有好、壞的分別。它只是接收你的思想，然後以生命經驗的形式，把這些思想回應給你。吸引力法則只是給你自己所想的東西罷了。

麗莎・妮可絲
（作家、個人啟能倡導者）

　　吸引力法則是非常順從的。當你想著你想要的事物，並且全心將焦點置於其上，吸引力法則每一次都會正確無誤地把你想要的事物給你。當你把焦點放在你不想要的事物上——「我不要遲到、我不要遲到」——吸引力法則是聽不到你「不要」的呼喊的；它只會顯現你所想的，所以它會一再不斷地出現。吸引力法則對你的「要」與「不要」並無偏見。當你專注在某個事物上——不論它是什麼——其實你就是在呼喚它來到你的生命裡。

　　當你把思想聚焦在你想要的事物上，並且持續集中注意力，在那個時刻，你就是在運用宇宙最大的力量，召喚著你想要的事物。吸引力法則並不判別「不要」、「不」、「別」，或其他任何否定的字眼。當你用否定的字眼說話，吸引力法則所接收到的其實是這樣的 ：

「我可不想讓這套衣服被濺到。」

　　　「我要把東西濺到這套衣服上，而且要濺到更多
　　　東西。」

「我不要剪個難看的髮型。」

　　　「我要剪個難看的髮型。」

「我不想被耽擱了。」

　　　「我想耽擱。」

「我不要那人對我那麼粗魯。」

　　　「我要那人和更多的人對我粗魯。」

「我不要餐廳把我們的桌位讓掉。」

　　　「我要餐廳把我們的桌位讓掉。」

「我不希望這些鞋子不合腳。」

　　　「我要鞋子不合腳。」

「這些工作我處理不來。」

　　　「我想要工作多到處理不來。」

「我不想感冒。」

　　　「我感冒，而且還想感染更多疾病。」

「我不想爭吵。」

　　　「我想要更多的爭吵。」

「別那樣對我說話。」

　　「我就是要你和別人那樣對我說話。」

吸引力法則給你的，就是你所想的——就這樣！

 包伯・普克特

　　不論你相不相信、或者了不了解，吸引力法則永
　　遠在運作著。

　　吸引力法則就是創造的法則。量子物理學家告訴我們，整
個宇宙是從思想中出現的！你藉由思想和吸引力法則，創造
出你自己的生命，而且人人皆然。不是你知道這個法則它才
運作，它早已在你的一生及從古至今每個人的生命中持續運
作。當你意識到這個偉大法則，你就會意識到自己有多麼不
可思議的力量，竟然能夠把自己的生命「想」出來。

 麗莎・妮可絲

　　你在思考的同時，它就在運作。你思想流動的時
　　候，吸引力法則也在運作。當你想著過去，吸引
　　力法則運作著；當你想著現在或未來，吸引力法
　　則也在運作著。它是一個持續的過程，你無法按
　　暫停或中止；它和你的思想一樣，永遠都在運
　　作。

　　不論有無察覺，我們大部分的時間都在思考。說話或聽別人講話時，你在思考；閱讀報紙或看電視時，你在思考；回憶過去時，你在思考；考慮未來的事情時，你在思考；開車的時候，你在思考；早上準備一天的開始時，你也在思考。對我們許多人來說，只有在睡覺時才不會思考。然而吸引力法則的力量，仍然會對入睡前最後的那幾個思想發揮作用。所以，睡前還是想些好的事情吧！

麥可・柏納德・貝奎斯

　　創造一直都在發生。每當一個人產生一個思想，或者持續某種慣常的思考方式，就進入了創造的過程，某些事情也將因為那些思想而顯現出來。

　　你現在所想的，就在創造你的未來。你用思想創造你的生命。因為你一直在思想，你便一直在創造。你最常想的、或最常把焦點放在上頭的，將會出現在你的生命中，成為你的人生。

　　如同所有的自然法則一樣，這個法則有它的完美性。你創造你的生命。種什麼因，得什麼果！你的思想就是種子，你收成的果，乃依你播下的種子而定。

　　如果你抱怨，吸引力法則將強力帶來更多讓你抱怨的狀況。如果你聆聽他人的抱怨，並且把焦點放在上頭、同情他們、贊同他們，在那一刻，你就是在吸引更多的抱怨情境給

自己。

　這個法則只是在反映、並如實地把你思想所聚焦的事物，送回給你。有了這個強而有力的知識，藉由改變你的思考方式，你就能完全改變生命中所有的境況和事件。

比爾·哈利斯
（教師、中心點研究院創辦人）

有位參加我線上課程的學生叫羅伯特；這課程有些部分需要跟我通電子郵件。

羅伯特是個同性戀者，在他給我的電子郵件中，描述了他生活中所發生的殘酷事實。在職場上，他的同事聯合起來欺侮他；人們對他的惡意，讓他一直感到壓力很大。走在街上，到處都碰上厭惡同性戀的人用各種方式羞辱他。他想成為單人表演的喜劇演員，但在台上表演時，每個人都用同性戀的話題挑釁他。他的生活充滿不幸和悲慘，焦點都圍繞在「因身為同性戀而被攻擊」的想法上。

我開始教他，是他自己一直把焦點放在不想要的事物上的。我把他的電子郵件寄回去，並跟他說：「你再讀一次。看看你跟我講了多少你不想要的事物。我看得出來，你對這些事反應非常激烈；而當你如此激烈地把焦點放在某事上，只會促使它更快發生！」

於是，他開始將「專注在想要的事物上」這件事謹記在心，並且開始真的試著去做。接下來六到八週內所發生的事，簡直就是奇蹟。以前在辦公室騷擾他的同事，不是被調往別的部門、離開公司，要不就開始完全不再煩他。他開始喜歡他的工作了。當他走在街上，再也沒有人騷擾他，他們全不見了。當他照例上台表演，他開始獲得觀眾的起立喝采，而且沒人挑釁他了！

他整個生命都改變了；因為他從專注在他所不要、所畏懼、想避免的事物中，轉變成專注在他真正想要的事物上。

羅伯特的生命改變了，因為他改變了思想。他向宇宙發出不一樣的頻率。不論情況看起來有多麼不可能，宇宙必定會送來新頻率的畫面。羅伯特的新思想成為他的新頻率，他的整個生命畫面就改變了。

你的生命掌握在你手中。不論你現在身在何處、不論你生命中發生過什麼事，你都可以開始有意識地選擇你的思想，進而改變你的生命。根本沒有所謂的「絕境」；你生命的每個境況，都是能改變的！

心的力量

麥可・柏納德・貝奎斯

你所吸引的，正是你意識中最主要的思想——不論它們是不是有被意識到。這就是問題所在。

不論你過去有沒有察覺到你的思想，現在你漸漸察覺到了。就在此時——藉由這個祕密的知識——你從沉睡中醒來，並且變得有意識！意識到這個知識、這個法則，以及由你的思想而生的力量。

約翰・迪馬提尼醫師

說到這個祕密，如果在日常生活中仔細地觀察，你會發現，心智和意念的力量就在我們的周遭。我們需要的，只是睜開眼睛去看。

麗莎・妮可絲

處處都看得到吸引力法則。每一件事都是你自己吸引來的；人、工作、環境、健康、財富、債務、喜悅、你開的車子、你參與的社群，就像磁鐵一樣，這些都是你吸引來的。你想什麼，就帶來什麼。你的整個生命，就是腦中思想的彰顯。

　　這是個內含而非排外的宇宙，沒有任何事物是排除在吸引力法則之外的。你的生命是一面鏡子，反映出你的主要思想。這星球上的所有生物，都依著吸引力法則運作；人類和其他生物的差別是，人有辨識的心，能夠使用自由意志來選擇自己的思想。人擁有能刻意去思考、用心智創造出自己整個生命的力量。

弗萊德・亞倫・吳爾夫博士
（量子物理學家、講師、得獎作家）

> 我們可不是從一廂情願的想法、或是假想的狂熱觀點來談這些的；而是用一種更深的、基本的了解。量子物理學其實已經開始指向這個發現，它說：沒有「心」的介入，宇宙就不可能存在；其實所有被感知的一切，都是「心」所形塑的。

　　想想那個宇宙中「最有力的發射台」的比喻，你就會明白它與吳爾夫博士的話語之間絕佳的關聯性。你的心出現一些思想，然後畫面會傳送回去，成為你的生命經驗。你不只用思想創造你的生命，你的思想也為創造這個世界增添了強大的力量。如果你認為自己無關緊要、對這個世界沒有影響力，那麼請再想一想吧。其實你的心，正在形塑你周遭的世界。

　　過去八十年來，量子物理學家驚人的研究和發現，使我們對深不可測的人心創造力，有了更多的了解。他們的研究，

和這世上偉大的智者們——包括卡內基、愛默生、莎士比亞、培根、克里希那和佛陀——所說的話是一致的。

包伯・普克特

> 如果你不了解這個法則，並不表示你應該拒絕它。或許你並不了解電，但你仍然可以享用電的好處。我不知道電是怎麼運作的，但我知道：你可以用電來煮一個人的晚餐，你也可以用它來「煮」那個人！

麥可・柏納德・貝奎斯

> 通常剛開始了解這個大祕密的人，會對他們所抱持的負面思想感到很害怕。他們必須要知道：科學上已經證實，一個正向思想的力量，勝過一個負面思想的力量數百倍。那會降低他們某種程度的憂慮。

要讓負面的事物在你的生命中出現，的確是需要很多與持續性的負面思想才能辦到。然而，只要你持續負面思考一段時間，它們就會在你的生命中出現。如果憂慮自己有負面的思想，你就會吸引更多擔心負面思想的憂慮，同時讓這些憂慮加倍。所以現在就下定決心，只想那些有益的思想吧。同時，要向宇宙做出宣告：所有好的思想都是強而有力的；任何負面的思想都是脆弱無力的。

麗莎・妮可絲

感謝上帝給予緩衝的時間，使你所想的不會立即
成真，否則可就麻煩了。時間的延緩對你是很有
用的；它給你「再評價」的機會，讓你想清楚你
想要的，並做出新的選擇。

創造你生命的一切力量，此刻已經具足。因為，此刻你就
在思考。如果你已有一些「實現後不會有好處」的思想，那
麼現在你就可以改變想法。你可以用好的思想來取代，把之
前的思想都清除掉。時間對你很有用處，因為它可以讓你有
新的想法、發出新的頻率——就是現在！

喬・維泰利博士

你要意識到自己的思想、謹慎選擇你的思想，並
樂在其中。因為你就是自己生命的傑作；你就是
你生命的米開朗基羅，雕塑的大衛像正是你自
己。

要主宰你的心靈，方法之一是學會讓心靜下來。毫無例外
地，本書中所有的導師們，都把靜心當作每天的功課。直到
發現這個祕密後，我才明白，靜心的力量是多麼強大。靜心
能夠平息你的心、幫助你控制思想，並且讓身體恢復活力。
最棒的是，你無需挪出幾個小時來靜心，剛開始只要每天三
到十分鐘，就能對思想的控制產生不可思議的效果。

　　為了更能覺察到你的思想，你也可以設定一個意念——「我是自己思想的主人」。常常這樣說，靜心時也這樣想。由於你抱持這樣的一個意念，依據吸引力法則，你一定會變成那樣。

　　你現在接受的，是能夠創造出**你**最精彩的生命版本的知識。而這個版本的你，其可能性已經存在了——就在「**你這個精彩版本**」的頻率中。決定你想成為什麼樣的人、做什麼事，以及擁有什麼東西。然後想著這些，發出頻率，你的願景就會在你的生命中實現。

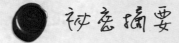

祕密摘要

- 生命的偉大祕密就是吸引力法則。

- 吸引力法則說「同類相吸」。因此當你有了一個思想，你也會吸引同類的思想過來。

- 思想是具有磁性的，並且有著某種頻率。當你思考時，那些思想就發送到宇宙中，然後吸引所有相同頻率的同類事物。所有發出的思想，都會回到源頭——你。

- 你就像是一座「人體發射台」，用你的思想傳送某種頻率。如果想改變生命中的任何事，就藉由改變你的思想來轉換頻率。

- 你當下的思想正在創造你的未來。你最常想的、或最常把焦點放在上頭的，將會出現在你的生命中，成為你的人生。

- 你的思想會變成實物。

祕密的法則

麥可・柏納德・貝奎斯

我們生活在一個有法則的宇宙中，比如，重力法則。假如你從一棟建築物上掉下來，不論你是好人或壞人，都會落到地面上。

　　吸引力法則就是一種自然的法則，跟重力法則一樣公正無私，既精準又正確。

喬・維泰利博士

現在你生活周遭的一切，包括你正在抱怨的事，都是你吸引來的。我知道乍看之下，這會是你討厭聽的話。你會馬上說：「我可沒去吸引車禍，沒去吸引這種難搞的爛客戶，也沒特別要去吸引債務。」可是我要在這兒坦白地對你說：是的，是你把它們吸引來的。這正是最難了解的概念之一，然而一旦接受了它，你的生命就改變了。

　　通常人們第一次聽到「祕密」的這個部分，就會想起歷史上造成許多人失去生命的事件，對於這麼多人把自己吸引到這個事件的說法，他們無法理解。依據吸引力法則，這些人必須跟這個事件處於同一個頻率。這不一定是說，這些人都想著那個明確的事件；而是說，他們思想的頻率和那個事件的頻率互相吻合。如果人們相信，自己會「在錯的時機待在錯的地方」，認為自己對情勢毫無掌控力，如果持續那些恐懼、分離和無力的思想，就可能吸引他們「在錯的時機待在錯的地方」。

　　你現在有了抉擇。你要相信一切都只是運氣的問題，壞事隨時都可能發生嗎？你要相信你會「在錯的時機待在錯的地方」嗎？你要相信你對情勢毫無掌控力嗎？

　　還是說，你要相信並且知道，你的生命經驗就掌握在你手上，只有好的事物會進入你的生命，因為你就是這樣想的？你是有選擇的；不論你選擇去想什麼，都將會成為你的生命經驗。

　　除非你用持續的思想召喚，否則不會有任何經驗進入你的生命。

 包伯‧道爾

我們大多數人都是依著設定值在吸引事物。我們認為自己對它沒有任何控制力。我們的思想和感覺都是在自動駕駛狀態，所以每一件事都是依著

設定值降臨到我們身上的。

　　沒有人會故意去吸引不想要的事物。如果不知道這個祕密，某些你不想要的事物，就會在你或他人的生命中發生，這是顯而易見的。這都只是我們對思想的強大創造力缺乏意識的結果。

喬‧維泰利博士

如果你是第一次聽到這個，你可能會覺得：「天啊，我得監視我的思想？這是很麻煩的事。」剛開始看似如此，但樂趣卻從此展開。

　　這樂趣就是，要達到這祕密有許多的捷徑，而你得選出對你最有效的那一個。繼續讀下去，你就會知道該怎麼做。

瑪爾西‧許莫芙
（作家、國際級演說家、生命轉化帶領者）

想要監視我們所有的思想是不可能的。研究者指出，我們每天大約有六萬個思想。你能想像要控制全部六萬個思想，會有多累嗎？幸好我們有個簡單的方法，那就是我們的「感覺」，感覺能讓我們知道我們想的是什麼。

　　感覺的重要性再大也不過了，感覺是幫助你創造生命最棒

的工具。你的思想就是所有事物的起因;你在這世界所看到和經驗到的一切──包括你的感覺──就是結果。起因永遠是你的思想。

包伯・道爾

情緒是我們最不可思議的天賦,它讓我們明白我們在想什麼。

你的感覺能很快地讓你知道你在想什麼。想想過去有什麼時候,你的感覺突然沉了下去──或許是聽到了某些壞消息。你的胃部或腹腔的感覺是即時的;因此你的感覺,就是讓你知道你在想什麼的即時訊號。

你必須意識到你的感覺如何,並且與它進行一種調和;因為它是讓你知道你在想什麼最快的方法。

麗莎・妮可絲

你的感覺有兩種:好的感覺和不好的感覺。你知道它們二者的差別;一個讓你感覺美好,另一個讓你感覺糟糕。讓你感覺無力的,就是沮喪、憤怒、怨恨和罪惡感等,這些都是不好的感覺。

沒有人能跟你說,你的感覺到底是好還是壞,因為在任何時候,只有你才知道自己的感覺如何。如果不能確定你的感

覺，只要問問自己：「我現在感覺怎樣？」在一天裡，你可以常常停下來，問問自己這個問題。當你這麼做時，就更能察覺到自己的感覺。

你必須知道一件最重要的事，那就是，不好的感覺和好的思想，是不可能同時存在的。這樣就違反了法則，因為感覺正是思想所引發的。如果你感覺不好，那是因為你擁有會造成感覺不好的思想。

思想決定了你的頻率，而感覺則會立即告訴你，你是位在哪個頻率上。當你感覺不好的時候，你就是處於會引來不好事物的頻率上；於是吸引力法則勢必要傳送更多壞事的畫面來回應你，而這些壞事會使你感覺很糟。

當你感覺很糟，卻又不努力改變思想來讓自己感覺好一些，實際上你是在說：「多給我一些會讓我感覺不好的情境吧。繼續再來吧！」

 麗莎・妮可絲

與之相反的是，你有著好的情緒和感覺。它們來臨的時候你會知道，因為它們會讓你感覺美好。想像一下，如果我們每天都能那樣感受——興奮、喜悅、感激和愛。當你慶祝這些美好的感覺，你就會引來更多美好的感覺，以及讓你感覺美好的事物。

包伯‧道爾

它真的就是這麼簡單。「現在我正在吸引什
麼？」那麼，你現在感覺怎樣？「我感覺不錯
呀。」很好，那就繼續保持吧！

感覺美好、卻又同時擁有負面的思想，是不可能的。如果
你感覺美好，那是因為你有好的思想。你看，你可以擁有生
命中任何想要的事物──沒有限制。但是有個條件：你得感
覺良好才行──想想，這不正是你一直想要的嗎？這個法則
實在是太完美了。

瑪爾西‧許莫芙

如果你感覺很好，就是在創造一個符合你想望的
未來；如果你感覺不好，就是在創造一個偏離你
想望的未來。你在生活的同時，吸引力法則也時
時刻刻在運作著。我們所想和感覺的一切，都在
創造我們的未來。如果你擔憂、恐懼，那麼一整
天下來，你就吸引更多擔憂和恐懼到你的生命
中。

當你感覺美好的時候，你一定是在想著美好的思想。因
此，你就是走在正確的道路上，發出強力的頻率，吸引更多
讓你感覺美好的事物回到你身上。把握那些讓你感覺美好的
時刻，並且好好的利用它。要知道，當你感覺美好的時候，

你正強力地吸引更多美好的事物給你。

　　讓我們更進一步探討：萬一你的感覺，其實就是宇宙想要讓你知道「你正在想什麼」的一種溝通方式呢？

傑克・坎菲爾

我們的感覺就是一種回饋的機制，好讓我們知道：我們是不是走在正軌上、有沒有偏離了方向。

　　要記住，你的思想就是所有事物的主要原因。因此，當你有某種持續性的想法，它會立刻被傳送到宇宙中；它會像磁鐵般被引至同類的頻率上，然後幾秒之內，該頻率的解讀就會透過你的感覺傳送回來。換句話說，你的感覺就是宇宙傳回來的溝通訊息，告訴你目前你在哪個頻率上。你的感覺就是頻率的回饋機制！

　　當你感受到美好的感覺，那就是宇宙送回的溝通訊息在說：「你正在想著好的思想。」同樣地，當你感受到不好的感覺，那就是宇宙的溝通訊息在說：「你正在想著不好的思想。」

　　因此當你感覺不好的時候，那是來自宇宙的溝通訊息，實際上它是在說：「警告！現在該改變想法了——負面頻率記錄中——頻率切換——倒數計時——警告！」

　　下次若感覺不好、或是感受到任何負面情緒時，聆聽一下

你從宇宙接收到的訊息吧。感覺不好時，你就是在阻擋美好
事物的到來，因為你是處於一個負面的頻率上。轉變你的思
想、想想美好的事物；然後，當你開始有了好的感覺時，你
會知道自己轉換到了新的頻率，宇宙會給你更好的感覺來表
示確認。

包伯・道爾

你所得到的，正是你所感覺到的，而不完全是你
所想的。

這就是為什麼人們如果一起床就撞到腳趾，就很
容易一整天都不順的原因。他們絲毫不曉得，只
要情緒上的一個小小改變，就能改變他們的一
天——還有一生。

如果你從擁有美好的一天開始，並且沉浸在那種
快樂的感覺中；只要不讓某些事轉變你的心情，
依據吸引力法則，你就會吸引更多延續那種快樂
的人和情境。

我們都有過事情一連串出差錯的經驗，這個連鎖反應是
由一個思想開始的——不論你有沒有察覺到。那個不好的思
想，吸引了更多不好的思想；頻率鎖定後，事情就出差錯
了。然後，當你對那「出差錯的事」做出反應，又吸引更多
出差錯的事。反應，只會吸引更多相同的東西。這個連鎖反
應會持續地發生，直到你能藉由刻意改變思想，讓自己脫離

那個頻率為止。

　　你可以把思想轉換到你想要的事物上，透過感覺來接收改變頻率後的確認訊息；吸引力法則會捕捉那個新的頻率，並將新的生命畫面傳送回去給你。

　　這正是你可以利用感覺，來使你在生命中想要的事物加速發生的地方。

　　你可以刻意地藉由增加對渴望事物的感覺，來傳送更強而有力的頻率。

麥可・柏納德・貝奎斯

你現在就可以開始感覺健康、富足或感受周遭的愛，即使它們根本不在那兒。接下來會發生的是，宇宙會回應你心曲的內容，宇宙會對你內在的感覺狀態做出回應，並且將它們顯現出來；因為那正是你所感覺的樣貌。

　　所以你現在感覺如何呢？花點時間想想你的感覺如何。如果你的感覺不如你想要的那麼美好，那麼就把焦點放在你內在感覺的感受上，並且有意地去提昇它。當你很熱切地專注在你的感覺上，藉由想要提昇自己的意念，就可以很有效地提昇它們。有一個方法是，閉起你的眼睛（杜絕令你分心的事物），專注在你內在的感覺上，然後微笑一分鐘。

麗莎・妮可絲

你的思想和感覺，創造了你的生命。永遠都是這
樣。保證如此！

如同重力法則一樣，吸引力法則絕不會有差錯。你不會看
見豬在天上飛，因為重力法則出了錯，當天忘記把這法則加
在豬隻身上。同樣的，吸引力法則也不會有例外。如果某事
發生在你的身上，那是你吸引來的——透過持續性的思想。
吸引力法則是精確無誤的。

麥可・柏納德・貝奎斯

這很難讓人輕易接受。不過，當我們開始對它敞
開心胸，結果會是很棒的。這意味著，不論你生
命中曾經存在什麼思想，都可藉由意識的轉移來
解除。

你擁有改變一切的力量，因為選擇思想和感受感覺的，就
是你自己。

「生活的同時，你也在創造自己的宇宙。」

——印吉爾

喬・維泰利博士

感覺美好真的很重要,因為它會發出訊號到宇宙中,然後吸引更多的美好回來。所以你越能感覺美好,就會吸引越多有助於你感覺美好,以及持續讓你更加振奮的事物。

包伯・普克特

你可知道,當你感覺沮喪的時候,你是可以在一瞬之間就改變它的?放首美妙的音樂或唱首歌,就會改變你的情緒。或是去想想美麗的事物;想想小嬰兒或是你真正喜愛的人,並停留在這個感覺上。要真正把它保留在心中;除此之外,其他的一切都拋開。我保證你一定會開始感覺美好。

把一些「祕密移轉物」列出來,當作你的錦囊妙計。我所謂的「祕密移轉物」,是指那些可以輕易改變你的感覺的事物;它可能是個美麗的回憶、未來的憧憬、好玩的時刻、大自然、你愛的人、或是你喜歡的音樂。當你發現自己生氣、受挫、或感覺不太好的時候,就去找你的「祕密移轉物」,並把焦點放在其中之一。在不同的時機,能有效轉變你的事物也會有所不同;因此如果試了一個無效,就改換另一個看看。只要焦點改變個一、二分鐘,就能轉變你自己和你的頻率。

愛是最偉大的情感

詹姆士・雷

（哲學家、作家、富裕與人類潛能課程創立者）

舉例來說，感覺美好的法則可以運用到你家的寵物身上。動物是很棒的，因為牠們能令你置身於偉大的情感狀態。當你感受到對寵物的愛時，那種偉大的情感狀態，會把美善帶進你的生命中。這是多棒的恩賜啊！

「思想與愛的融合，形成了吸引力法則不可抗拒的力量。」

——查爾斯・哈尼爾

宇宙中，沒有比愛更偉大的力量；愛的感覺，是你所能發出最高的頻率。如果你能把每個思想都裹上愛、如果你能愛所有的事物和人，你的生命就轉變了。

事實上，過去某些偉大的思想家，是用「愛的法則」來稱呼吸引力法則的。如果你思考一下，就會了解為什麼。如果你對別人有不友善的想法，最後體驗到更明顯的不友善思想的，將是**你**自己。你無法用你的思想傷害別人，你只會傷害你自己。如果你想的是愛的話，想想看誰會蒙受其利

——你！因此，如果你的主要狀態是愛，吸引力法則或「愛的法則」將會以最強的力量來回應你，因為你是位在最高的頻率上。你所感受和發出的愛越大，你所駕馭掌控的力量也就越大。

「給予思想活力，讓它與其目標相關聯、並因此主宰每個人生逆境的經驗，所運用的原理就是吸引力法則——亦即愛的另一種稱呼。這是在一切哲學體系、宗教、科學、萬物中，既永恆又根本的原理。一切都無法逃離愛的法則。給予思想活力的，正是感情。感情即欲望，欲望即愛。充滿愛的思想，是天下無敵的。」

——查爾斯·哈尼爾

 瑪爾西·許莫芙

一旦你開始了解、並且真正主宰你的思想和感覺時，就是你明白如何創造自己實相的時候。它就是你的自由和所有力量之所在。

瑪爾西·許莫芙還跟我們分享偉大的愛因斯坦一句很棒的話：「每個人可以問自己最重要的問題就是——『這是個和善的宇宙嗎？』」

若了解吸引力法則，唯一答案就是：「是的，這宇宙是和善的。」為什麼？因為你如是回答，依據吸引力法則，就會

如是經驗。愛因斯坦知道這個祕密，因此提出這個有力的問
題。他知道，藉由這個問題，能夠迫使我們去思考並做出抉
擇。藉由這個提問，他給了我們一個很大的機會。

　　若更進一步探究愛因斯坦的意圖，你可以肯定、並做出宣
告：「這是個精彩非凡的宇宙。這宇宙帶給我所有美好的事
物；這宇宙暗中協助我成就每一件事；我所做的一切，宇宙
都支持我。這宇宙能即時符合我的需求。」你知道這是個和
善的宇宙！

傑克・坎菲爾

自從我知道這個祕密並開始應用在生活中，我的
生命真的變得非常奇妙。我每天過的，就是所有
人夢想中的那種生活。我住在價值四百五十萬美
元的豪宅、有個可以讓我用生命去愛的妻子、到
全世界所有最棒的景點去渡假；我登山、探險、
打獵。這一切都發生了，而且還持續在發生中，
只因我懂得如何去應用這個祕密。

包伯・普克特

生命絕對可以不平凡，而且本來就該不平凡。一
旦開始運用這個祕密，你的生命也將會是不凡
的。

　　這是你自己的人生，它一直在等待你去發現！在這之前，你可能一直認為生命是艱苦和充滿掙扎的，所以依據吸引力法則，你就會體驗到艱苦和掙扎的生活。現在就開始對宇宙吶喊吧：「生活是多麼輕鬆！生命是多麼美好！所有美好的事物都向我而來！」

　　在你內心深處，有個一直在等著你去發現的真相，這個真相就是——你本來就該得到生命中一切美好的事物。你天生就知道這點，所以才會在欠缺美好事物的時候，感覺糟糕透頂。擁有美好的事物，是你天生的權利！你就是自己的創造者，吸引力法則是創造生命中你想要事物的最佳工具。歡迎進入**你**充滿魔力與華麗的生命中！

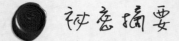 祕意摘要

- 吸引力法則就是一種自然法則,跟重力法則一樣公正無私。

- 除非你用持續的思想召喚,否則不會有任何經驗進入你的生命。

- 只要問自己現在感覺如何,就能知道你正在想什麼。情緒是非常有價值的工具,能立即告知我們自己在想什麼。

- 不好的感覺和好的思想,是不可能同時存在的。

- 思想決定了你的頻率,而感覺則會立即告訴你,你是位在哪個頻率上。當你感覺不好的時候,你就是處於會引來不好事物的頻率上;當你感覺美好時,你就是在強力吸引更多美好的事物。

- 祕密移轉物──例如快樂的回憶、大自然或你喜愛的音樂──可以瞬間改變你的感覺、轉換你的頻率。

- 愛的感覺,是你所能發出最高的頻率。你所感受和發出的愛越大,所掌控的力量也就越大。

祕密的運用

你是個創造者，而有一個簡單的創造過程，就是運用
吸引力法則。世上最偉大的人物和導師們，已經透過無
數種形式與他們美妙的作品，分享這個創造的過程。有些
偉大的導師創作了一些故事，藉以說明這宇宙是如何運作
的。他們故事裡所蘊藏的智慧代代流傳，並且成為傳奇。
許多活在現代的人，並不曉得這些故事的菁華其實蘊含著
生命的真理。

詹姆士・雷

想想阿拉丁神燈的故事。阿拉丁拿起神燈，拭
去灰塵，結果冒出了一個巨人。那巨人總是說
一句話：

「您的願望，就是我的命令！」

這故事現在流行的版本，都說只能許三個願

望；但如果你回溯這個故事的源頭，其實願望絕
對是毫無限制的。

想想其中的含意吧。

現在，讓我們將這個隱喻應用到生活上。記住阿
拉丁是個一直在尋求他的願望的人，而整個宇宙
就是那個巨人。傳統中對它有許多不同的稱呼
——你神聖的守護天使、你更高的自我。我們可
以把它貼上任何標籤，你可以選個最適合你的。
但每個傳統都告訴我們，有個比我們更大的存
在。而那個巨人總是說一句話：

「您的願望，就是我的命令！」

　　這個美妙的故事說明了，你的整個生命和其中的事物，
是如何被**你**創造出來的。這個巨人對你的每個願望，都是爽
快地答應。這個巨人就是吸引力法則，它一直都在，並且總
是在聆聽著你的所言、所思和所行。這個巨人認為：凡是你
所想的，就是你要的！凡是你所說的，就是你要的！你所做
的事，就是你要的！你就是宇宙的主人，巨人就是來服侍你
的。這個巨人從不質疑你的命令。你一想，這個巨人就會立
刻從宇宙那兒弄來人、情境和事件，來完成你的願望。

創造的過程

這祕密所採取的創造過程——源自《新約聖經》——是個簡易的指導方針，讓你以三個簡單的步驟，創造你所想要的事物。

步驟一：要求

麗莎・妮可絲

第一步是「要求」。對宇宙下命令，讓宇宙知道你要什麼。宇宙會回應你的思想。

包伯・普克特

你到底真正想要什麼？坐下來，寫在一張紙上，用現在式來寫。你可以這樣開頭：「我現在是多麼快樂和感激，所以……。」然後，說明在每個領域你想要的生活是什麼樣子。

你有選擇想要什麼的機會，但是你必須先釐清自己到底要什麼，這是你的工作。如果還不清楚自己想要什麼，吸引力法則是無法為你帶來任何東西的；你將會發出混雜的頻率，吸引的也只會是混雜的結果。或許，這是你今生第一次去弄

清楚自己到底想要什麼。現在你知道你可以擁有任何東西、成為任何人或去做任何事，完全沒有限制；那麼，你到底想要什麼呢？

　　在創造的過程中，「要求」是第一步，所以養成要求的習慣吧！如果你非得做出選擇，但又不知該選哪一個，那就要求吧！你不該被生命中任何事情絆住。去要求就對了！

喬・維泰利博士

這真的很有意思，就好比把宇宙當作型錄一樣，你翻了翻，然後決定：「我要這個體驗、我要那個東西、我要那樣子的人。」**你**就是向宇宙下訂單的人，真的就是這麼簡單。

　　你無需一再不斷地要求，一次就好。它就和在型錄中下訂單一模一樣，東西點一次就夠了。你不會下了訂單，然後又懷疑有沒有收到，而不斷地下訂單，你只需要下單一次。創造的過程也是如此，「步驟一」只是釐清你想要什麼的一個步驟。當內心釐清想要什麼的時候，你就已經在要求了。

步驟二：相信

麗莎・妮可絲

第二步是「相信」。相信「它」已經是你的了。

要有「不動的信心」──我愛這麼稱呼它。相信「看不見」的事物。

你必須相信自己已經收到。你得知道，在要求的那一刻，你所想要的就已經是你的了。你必須要有全然和絕對的信心。如果你已經從型錄上下了訂單，你會放輕鬆、知道你會收到你訂的東西，然後繼續生活。

「要當作你已經擁有自己所想要的事物，知道它將會在你需要的時候到來。然後，接受它們的到來。不要為它感到焦慮、擔憂；不要去想你缺少它。想成它是你的、它屬於你、它已經為你所有。」

──羅伯特・柯里爾（美國暢銷書作家，1885－1950）

在你要求、相信、並且知道你已在看不見的世界裡擁有它的時候，整個宇宙就會轉變，把它帶到看得見的世界裡來。你的所行、所言和所思，都必須像正在接收它一樣。為什麼？宇宙是一面鏡子，而「吸引力法則」會映照出你的「主要思想」。所以你必須認為自己正在接收它，這是很有道理的。如果你的思想有注意到你「還沒擁有它」，那麼你持續吸引來的就會是「還沒擁有它」。你必須相信你已經擁有，必須相信你已經收到，必須發出「已經收到」的感覺頻率，好讓這些畫面傳回來，成為你的生命。當你這麼做，吸引力法則將會強力驅動所有的情境、人和事件，好讓你接收它。

　　當你預約一個假期、訂購一部全新的車，或者買一棟房子，你知道這些東西都是你的，你不會同時又去訂另外一個假期、車子或房子。當你中了彩券，或者繼承一大筆遺產，即使你還沒實質上拿到錢，也知道它已經是你的了。「相信它是你的」就是這種感覺，也正是「相信你已經擁有」、「相信你已經收到」的感覺。利用感覺和相信「它們已經是你的」，來對你想要的事物做出要求。當你這麼做時，吸引力法則會強力驅動所有的情境、人和事件，好讓你來接收它。

　　你要如何把自己帶到「相信」的點上？開始「假裝」吧！像個孩子般地假裝，舉止要像你已經擁有它一樣。當你假裝，你就會開始相信你已經收到它了。巨人無時無刻都會回應你的主要思想，並非只在你要求的時候。這就是為什麼在你要求之後，你必須持續去「相信」和「知道」。要有信心。「你已經擁有它」的這種不朽的信心，正是你最大的力量。當你相信你「已經在接收它了」時，請準備好，看著這個魔法發生吧！

　　「你能擁有你想要的──只要你知道如何在思想裡形塑出它的雛型。只要學會透過自己來使用創造力，任何夢想都能成真。對一個人有效的方法，對所有的人也會有效。力量的鑰匙，就潛藏在使用『你所擁有的』……自由地、完全地……藉此，把你的頻道大大地敞開，讓更多的創造力流經你的心中。」

　　　　　　　　　　　　　　　　　　──羅伯特・柯里爾

喬·維泰利博士

這宇宙將會為了你，開始重新調整自己來為你而生。

傑克·坎菲爾

我們大多數人，從不允許自己去想望自己真正想要的事物；因為我們不明白，它會如何顯現出來。

包伯·普克特

只要稍微做點研究，你會發現很顯然的，那些有所成就的人，之前也不知道該如何去做。他們只知道自己要去做那件事。

喬·維泰利博士

你不需要知道它會怎麼到來；你不需要知道宇宙要怎樣重新調整它自己。

它要怎樣發生、或宇宙要如何把它帶來給你，都不關你的事。讓宇宙來為你做這些事吧。當你努力要弄懂它是如何發生的，你就是在發出一種缺乏信心的頻率——你不相信你已經擁有它。你不相信宇宙會為你去做，而認為你必須自己去做。在創造的過程中，「如何」並不是屬於你的部分。

包伯‧普克特

你不知道怎麼做，但它會呈現給你看。你會把方法吸引過來。

麗莎‧妮可絲

大多數時候，如果看不到我們所要求的事物出現，我們就會感到沮喪失望，於是開始懷疑。這個懷疑帶來了失望的感覺。接受這個懷疑，並且轉化它。辨認出這個感覺，並且用不動的信心──「我知道它已經在實現的道路上了」──去取代它。

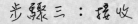

步驟三：接收

麗莎‧妮可絲

第三步，也是這過程的最後一步，就是「接收」。開始感覺好極了。想想若是你想要的事物已經到來，將會是什麼樣的感覺，就用同樣的感受來感覺它。現在就去感覺它。

瑪爾西‧許莫芙

在這過程中，去感受喜悅、快樂是很重要的，因為當你感覺良好時，你就是把自己放在你所要的

事物的頻率上。

麥可・柏納德・貝奎斯

這是個充滿情感的宇宙。如果你只在理智上相信
某事，但背後卻沒有與之對應的感覺存在，那
麼，你就不會有足夠的力量在生命中顯現你想要
的事物。你必須對它「有所感覺」。

做一次「要求」，「相信」你已經得到，然後在「接收」
的部分，你只要去感覺喜悅就好。當你感覺很好的時候，你
就處於接收的頻率上、就位在所有美好事物向你而來的頻率
上，而且你將會得到你所要求的。除非它是得到之後會讓你
感覺良好的事物，否則你是不會要求它到來的，不是嗎？所
以把自己放在能讓你感覺良好的頻率上吧，你會有所得的。

有個把你放到那個頻率上的快速方法是，對自己說：「
我現在就在接收它。我現在就在接收我生命中的一切美好事
物。我現在就在接收……（自行填入你的渴望）。」然後去
感覺它，去感覺好像你已經接收到它一樣。

我的一位摯友瑪爾西，是我所見過最偉大的催化者之一，
她會感覺所有的事物。她會去感覺當她得到所要求的事物時
的那種感受；她會把所有的感覺化為真實的存在。她不會被
「如何」、「何時」、「何處」綑綁住；她只是去感覺它，
然後它就顯現出來了。

所以，現在就去感覺喜悅吧。

包伯・普克特

當你把夢想變成事實，你就會想把那個夢想構築得越來越大。親愛的朋友，創造的過程就是如此。

「你們禱告，無論求什麼，只要信，就必得著。」

　　　　　　　　　　　　——〈馬太福音〉第21章22節

「凡你們禱告祈求的，無論是什麼，只要信是得著的，就必得著。」

　　　　　　　　　　　　——〈馬可福音〉第11章24節

包伯・道爾

對吸引力法則的研究與執行，只是要找出什麼事物能夠幫助你產生「現在就已經擁有它」的感覺。去試開那輛車、去為那房子購買家當、進去那房子裡參觀，盡你所能去產生「現在就已經擁有它」的感覺，並且牢記那種感覺。你為了達成它所做的每件事，都會幫你真的吸引它來到。

當你感覺好像現在就擁有它，那種感覺真實到如同你已經擁有它一般；相信已經得到，你就會得到。

包伯‧道爾

可能你一早醒來，它就在那兒；它實現了。或者，
你可能會得到某些行動的靈感。當然你不能說：「
我是可以這麼做啦，但老兄，我討厭那樣耶。」若
是這樣的話，你就不是走在正確的道路上。

有時候行動是必要的。如果你所做的，真的和宇
宙要帶來給你的一致，你就會感覺很快樂、感覺
非常有活力。時間彷彿停止了，你可以一整天都
做這件事。

對某些人來說，「行動」這個詞就意味著「工作」；但
是受到啟發的行動，感覺是一點也不像工作的。「受到啟發
的行動」和「行動」的差別是：「受到啟發的行動」是在做
「接收」的動作；而如果你的「行動」，是努力想讓事情發
生，那你就走上回頭路了。「受到啟發的行動」是毫不費力
的，而且你會感覺非常美好，因為你是處在接收的頻率上。

把生命想像成一股急速流動的河水。當你的行動是為了讓
某件事情發生，那感覺將如同逆流而上，會很艱苦、掙扎。
當你的行動是向宇宙接收，那感覺將有如順流而下，毫不費
力。這就是「受到啟發的行動」，以及處在宇宙和生命之流
中的感覺。

有時候，那行動的感覺是如此美好，因此要等你接收到
了之後，才會察覺到自己是有採取「行動」的。那時候你將
會回頭看見宇宙是如何美妙而神奇地把你帶到你想要的事物
上，並且把這些事物帶到你的面前。

喬・維泰利博士

宇宙喜歡快速行動。不要拖延、不要猜測、不要遲疑；當有機會、有衝動、有內在靈感推動的時候，行動吧。這是你的任務，你必須做的只有這個。

相信你的直覺。那是宇宙在啟發你，那是宇宙以接收的頻率在與你溝通。當你產生了本能或直覺，就跟隨它；你將會發現宇宙正如磁鐵般，把你引領到你想要的事物那兒去。

包伯・普克特

你將吸引你所需要的一切。如果需要錢，你就會吸引到錢；如果需要人，你就會吸引到人；如果需要某本書，你就會吸引到那本書。你必須留意你所吸引的是什麼，因為當你心中有著想要之物的畫面時，你就會被它吸引，而它也會吸引你。然而實際上，它是藉由你、透過你而成為有形的實相；它憑藉的就是吸引力法則。

要記得你是塊磁鐵，吸引一切事物到你身上。當你心中已經清楚要的是什麼事物時，你就成為吸引那些事物的磁鐵；同時，它們也會反過來對你產生磁性。你越常去實行、越常見證到吸引力法則把事物帶來給你的事實，你就會成為更巨大的磁鐵，因為你增加了「信心」、「相信」和「知道」的力量。

麥可・柏納德・貝奎斯

你可以從一無所有開始。然後從這一無所有、從
這不可能之中，道路就出現了。

你所需要的，就是**你**自己，以及運用思想讓事物化為真實
存在的能力。人類歷史上所有的發明和創造，都是起源於一
個思想。道路就是從那個思想中出現，然後從「無形」到「
有形」地顯現出來。

傑克・坎菲爾

想像有一輛在夜間行駛的車子，大燈只能照亮前
方一、兩百呎的道路；但你可以從加州連夜一路
開到紐約，你只需要看得到前方兩百呎的道路就
可以了。生命也是如此在我們面前開展，我們只
要相信下面兩百呎的路途是開展的，接下來的兩
百呎也會是開展的，那麼你的生命就會一直開展
下去。不論你真正要的是什麼，它最終都會帶你
到達目的地，因為那就是你想要的。

　　信任宇宙。要信任、相信、有信心。之前我真的不知
道，如何將這祕密的知識搬上電影銀幕；我只是抱持著「
願景的結果」，在心中清晰地看見它，用所有的力量去感
受它；於是製作《祕密》的一切所需，就全都到位了。

「有信心地踏出第一步，你不需看到整座樓梯；只要踏出第一步就好。」

—— 馬丁‧路德‧金恩博士（1929－1968）

祕密與身體

　　讓我們來看看那些覺得自己體重過重、想要減重的人，如何使用這個創造的過程。

　　首先要知道的是，如果你專注在「減重」上，你就會吸引「必須減更多體重」的想法來；所以要把「必須減重」的想法從你的心中排除，它正是節食失敗的原因。由於你是專注在減重上，所以你一定會繼續吸引「必須減重」的結果。

　　第二件該知道的事是，體重過重的情況，是你對它的思想造成的。用最簡單的話來說，如果某人體重過重，那是起因於他想著「肥胖的思想」——不論那人自己有沒有察覺到。一個人不可能想著「瘦的思想」，而同時又是胖的；那完全牴觸了吸引力法則。

　　不論有人說他們是甲狀腺功能或新陳代謝緩慢、還是說身材是遺傳的問題，這些都只是在掩飾「肥胖的思想」。如果你接受以上任何一種情況適用於你，並且還相信了它，它一定會成為你的經驗，你會繼續引來「體重過重」的情況。

生了兩個女兒之後，我的體重超重。我現在知道，這是因為我去聽、去讀了這些訊息——「生了小孩之後，是很難減重的；特別是生了第二胎，那會更難」。我過去就是用這些「肥胖的思想」去召喚它，它也就如實地成為我的經驗。我真的「爆肥」了；而且我越是注意自己「爆肥」得多嚴重，就越引來更嚴重的「爆肥」。我這麼嬌小的個頭，竟有一百四十三磅重，這都是過去我一直有「肥胖的思想」所導致。

人們所普遍抱持的想法是——我過去也這麼想——食物是我體重增加的罪魁禍首。這是對你毫無用處的信念，現在對我來說，簡直就是胡說八道！不是食物增加了體重，是你那認為「食物會增加體重」的思想，才使食物真的增加了你的體重。要記住，思想才是所有事物的主要原因，其他的只是這些思想的結果。想著完美的思想，其結果必然是擁有完美的體重。

放下一切受限的思想。食物是無法增加你的重量的，除非你認為它可以。

「完美體重」的定義是，讓你感覺很好的那個體重；別人的意見都不算，只有自己感覺很好的才是。

你大概也認識一些人，他們像隻馬一樣會吃，但又瘦瘦的。他們很驕傲地宣稱：「我要吃什麼就吃什麼，我一直都有完美的體重。」於是宇宙的巨人就說了：「您的願望，就是我的命令！」

要運用創造的過程吸引完美的體重和身材，就遵循這些步驟：

步驟一：要求

　　釐清自己想要的體重。想像等你有完美的體重時，看起來會是什麼樣子。如果自己有體重完美時拍的照片，就時常拿來看。如果沒有，就找些符合你心目中理想身材的照片，時常看著這些照片。

步驟二：相信

　　你必須相信你會接收到、並且相信自己已經擁有完美的體重。你必須想像、佯裝、假裝那完美的體重已經是你的。你必須認為自己接收到那完美的體重。

　　把你的完美體重寫下來，放在體重秤的讀數上頭；或者，都不要去測量自己的體重。你的所思、所言和所行，都不要與你所要求的相違抗。不要買你目前體重穿的衣服。要有信心，並且專注在你未來想要買的服裝上。吸引完美體重，和從宇宙的型錄中下訂單是一樣的。看著型錄，點選你要的完美體重，下訂單，然後它就會送到你手上。

　　讓它成為你所尋求和欣羨的目標，並在內心讚賞那些擁有你心目中完美體重身材的人。把他們找出來，當你在欣賞、感受那種感覺的同時，你就是在召喚這種感覺。如果你看見體重過重的人，不要去注意他們；立刻將你的心，轉移到你心目中完美身材的畫面上，並且去感覺它。

步驟三：接收

　　你必須感覺很好。你必須對自己感覺很好。這很重要；因為如果你對自己現在的身材感覺很糟，你是無法吸引完美體重的。如果對你的身材感覺不好——這可是個有力的感覺——你就會繼續吸引對身材感覺不好的感覺。如果你挑剔自己的身材、找它的缺點，你將永遠無法改變你的身材；事實上，你會為自己吸引更多體重。讚美、並且感激你的每一吋肌膚；想想所有**你**完美的地方。當你想著完美的思想、對**你**自己感到滿意，你就在完美體重的頻率上召喚著完美。

　　華勒思・華特斯（Wallace Wattles）在他一本書中，分享了飲食上一個很棒的訣竅。他建議當你吃東西時，確知你是全神貫注在咀嚼食物的體驗上。讓心保持在當下，並且去體驗吃東西的感覺，不要讓心又漂移到別的事物上。感受身體當下的感覺、享受口中咀嚼和嚥下食物的一切感覺，下次吃東西的時候試試看。當你完全沉浸於吃東西的當下，食物的滋味會非常強烈而美好；如果你讓你的心漂走，大部分的滋味也就消失了。我相信，如果我們能享用當下的食物，把整個焦點都放在吃東西的愉快體驗上，食物會在身體裡完美地消化，對我們身體產生的結果也一定是完美的。

　　關於我自己體重故事的結局是，我現在維持一百一十六磅的完美體重，而且可以想吃什麼就吃什麼。所以把焦點放在你的完美體重上吧！

要用多久的時間？

喬・維泰利博士

人們納悶的另一件事是——「把車子、關係、金錢顯現出來，要花多少時間呢？」我手中並沒有任何守則明白說它需要花三十分鐘、三天，或者是三十天。其實把自己調整到和宇宙本身一致，才是更加重要的事。

　　時間只是個幻象，愛因斯坦這麼告訴我們。如果這是你第一次聽到，你可能會發現這是你很難理解的概念；因為你看見每一件事物都在發生——一個接著一個。但量子物理學家和愛因斯坦告訴我們的是，所有事情都是同時發生的。如果你能了解「時間並不存在」，並且接受這個觀念，那麼你就會明白，任何你未來想要的事物，現在就已經存在了。如果一切都是在同一個時間發生，那麼你的「平行版本」——連帶你想要的一切——也都已經存在了。

　　宇宙顯現你要的事物，是不花任何時間的。是因為你尚未到達相信、知道和感覺「你已經擁有它」的地步，所以才會感覺到時間的延宕。把自己帶到想要事物的頻率的，就是你；當到達那個頻率，那麼你想要的就會出現。

包伯‧道爾

大小對宇宙來說不是問題。以科學的層面來說，從我們認為巨大的，到極微小的事物，要吸引過來都毫無困難。

宇宙所做的每件事，都毫不費力。草不必竭力地去生長，它毫不費力。造化就是這麼偉大。

一切都與你心靈的運作有關。是我們自己認定說：「這是大的，所以要花點時間；這是小的，只要一個小時。」這是我們定義的規則，對宇宙來說並沒有這些規則。你發出「現在就擁有」的感覺，它就會回應你──不論它是什麼。

對宇宙來說，沒有時間、沒有大小。顯現一百萬，與顯現一塊錢同樣容易；過程都是一樣的。然而一個會來得快些、另一個費時久些，唯一的理由是：你認為一百萬是很多錢，而一塊錢則不算什麼。

包伯‧道爾

有些人對小的事物感覺比較輕鬆容易，所以有時我們會說，先從小的事物開始，譬如一杯咖啡。就把吸引一杯咖啡，做為你今天的目標吧。

包伯·普克特

持續想著一個與久未謀面的老友聊天的畫面。不知怎的，就會有人開始和你談論到那個人。那個人也會打電話給你，或者你將收到她的來信。

從一些小事開始，這是讓你親身體驗吸引力法則的簡單方法，讓我和你分享一位年輕人的真實經驗。他看過《祕密》的影片，就決定從小事開始做起。

他在心中想出一根羽毛的畫面，並肯定這是一根獨特的羽毛。他在羽毛上想出一些特別的記號，好讓他在看見這根羽毛的時候，可以毫無疑問地確定，這就是他刻意使用吸引力法則帶來的東西。

兩天之後，他正要走進紐約市街上一棟高大的建築物時，他說他不知怎的就朝地上一看——就在紐約市這棟高大建築物的門口——在他腳邊，出現了那根羽毛！不是任何一般的羽毛，而是真正他所想像的羽毛，和他心中所想的一模一樣，有著那些獨特的記號。那一刻，他不帶一絲懷疑，知道這就是吸引力法則的完整展現。他認識到自己吸引事物到身邊來的驚人能力和力量——藉由他自己的心靈力量。帶著絕對的信心，他開始前進創造更大的事物。

大衛·希爾莫
（投資訓練師、教師、理財專家）

人們對我等到停車位的方法感到非常驚訝。打從
一開始了解這個祕密，我就這麼做了。在我想要
停車的地方，我會在腦中想像一個停車位，有九
成五的機率那兒真的會出現空位，我就直接把車
子停進去。其他百分之五的時候，我只要等個
一、二分鐘，就有人把車子開走，讓我停進去。
我一直都是這樣做。

現在你可能就會了解，為什麼那些說「我總是有地方停
車」的人，就是有車位可停；或者是那些說「我運氣真的很
好，老是能贏得東西」的人，總是接二連三地贏得東西。這
些人期待它。開始期待偉大的事物吧，當你這麼做時，你就
預先創造了你的生命。

預先創造你的生活

　　從你整個生活、到今天你要做的下一件事，都可以使用吸引力法則來預先創造。普蘭特斯・馬福德這位導師在他的著作中，分享了許多吸引力法則及其運用方法的洞見，說明了預先去思考你的生活是多麼重要的事。

　　「當你告訴自己：『我將會有一趟愉快的訪問或旅行』時，你其實是在你的軀體到達之前，先發出了某種元素和力量，去安排一些事物，好讓這次的訪問或旅行變得愉快。如果你在訪問、旅遊，或者逛街之前心情不好，或者在害怕、擔憂著某些不愉快的事，你就是在事先發出無形的媒介，製造某些不愉快的事。我們的思想，或者說，我們心的狀態，永遠都在預先安排好事跟壞事。」

　　　　　　　　　　　　　　　　　　　——普蘭特斯・馬福德

　　普蘭特斯・馬福德在一八七○年代就寫下這些話，真是先知先覺！現在你可以很清楚地明白，每天先去預想每件事是多麼的重要。無疑地，你一定有過不事先預想生活的經驗；其影響之一就是，你會又急又趕。

　　如果你又急又趕，要知道這些思想和行為都是根源於恐懼

（害怕會遲了），於是你就會事先「安排」壞事給自己。若你繼續橫衝直撞，你就會在路上吸引接二連三的倒楣事；此外，吸引力法則會「安排」更多使你又急又趕的未來狀況給你。你必須停下來，並且讓自己離開那個頻率。如果你不想召來壞事，就花點時間轉變自己吧。

　　許多人，尤其是在西方社會，追逐著「時間」，並且抱怨時間不夠用。那麼，依據吸引力法則，當某人說他時間不夠用時，情況就一定會是如此。如果你用「時間不夠」的想法一直都徒勞無功，那麼就從現在開始，嚴正地宣告：「我的時間綽綽有餘」，並改變你的生命。

　　你也可以把等候的時間，轉變成創造未來生活的「效力時間」。下次在等待的時候，把握住那個時間，想像你擁有你想要的一切。任何時間、任何地點，你都可以這樣做。把生命的每個情境，都轉變成正面的！

　　藉由思想，讓預先決定你生活中的每一件事成為你每天的習慣。依照你所想要的樣子預先去想，讓宇宙的力量先去處理你要做的事、先到你要去的地方。那麼你就能依著目標，創造你的生命。

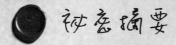 ## 秘密摘要

- 吸引力法則和阿拉丁神燈的巨人一樣,對我們有求必應。

- 創造的過程以三個簡單步驟,幫助你創造出你想要的:要求、相信、接收。

- 向宇宙要求是個機會,讓你釐清你想要什麼。當你心中清楚要什麼的時候,要求已經完成。

- 相信是指你的所行、所言、所思,都有如你已經接收到你所要求的事物。當你發出已經接收的頻率,吸引力法則就會驅動人、事件和情境,讓你來接收它。

- 接收是指去感覺你的渴望一旦實現時,你所會有的感受。現在就感覺美好,會把你放到想要事物的頻率上。

- 要減重,就不要把焦點放在「減重」上;反之,把焦點放在你的完美體重上。去感受擁有完美體重時的感覺,你將召喚它的到來。

- 宇宙顯現你所要的事物,是不花任何時間的。顯現一百萬,與顯現一塊錢同樣容易。

- 從吸引小的事物開始，譬如一杯咖啡或停車位，是體驗吸引力法則實際運作最簡單的方式。以強烈的意圖，吸引小的事物。當體驗到自己擁有吸引的力量，你將前進創造更大的事物。

- 藉著去想你所要的生活方式，來預先創造你的生活，你就能依自己的意識創造生命。

強效的方法

喬・維泰利博士

很多人覺得他們被困住、限制或監禁在目前的境況中。然而不論現在的境況如何,那都只是目前的境況。當你開始去運用這個祕密,現在的境況就會開始轉變。

目前的現實或生活,是你一直以來的思想所造成。當改變你的思想和感覺,一切也將全然改觀。

「每個對正面思想的力量很清楚的人,他們的結論都是:
人可以改變自己……並主宰自己的命運。」

—— 克利斯汀・拉爾森(新時代思想家,1866 - 1954)

麗莎·妮可絲

要改變你的境況，首先必須改變你的想法。每次你打開信件，預期會看到帳單，結果呢——帳單就在裡頭。每天出門就害怕收到帳單！你從不期盼有什麼好事發生。你都在想著債務、期盼債務；所以債務必須出現，你才不會認為自己瘋了。每天你的思想都是在確認：債務還在嗎？是的，它還在。債務還在嗎？是的，它還在。債務還在嗎？是的，它還在。為什麼？因為你期盼債務會在那兒，所以它就出現了，因為吸引力法則總是聽命於你的思想。幫幫自己一個忙——去期盼一張支票吧。

期盼是一股強大的吸引力，因為它能把事物拉向你。如同包伯·普克特說的：「『渴望』把你與所渴望的事物連結起來；『期盼』則把它拉進你的生命裡。」期盼你想要的事物，別期盼不想要的。你現在期盼的是什麼呢？

詹姆士·雷

大多數人看著自己的現況說：「這就是現在的我啊！」那才不是現在的你，而是過去的你。舉個例子來說，你的銀行戶頭存款不足、沒有你所想要的親密關係，或者你的健康與體格不太好等等。那不是現在的你；而是你過去所思、所行遺留的結果。如果你要的話，就會繼續活在過去的

想法與行為的殘餘物中。當你看著自己眼前的狀
況，並且用這個來定義自己，你就是讓自己的未
來注定和現在沒什麼不同。

「我們現在的一切，都是過去思想的結果。」

——*佛陀*（約西元前563－483）

　　偉大的導師納維爾·高達德（Neville Goddard）在一九五
四年一場演講中提到一個方法，對我的生命產生了很深的影
響。納維爾建議每天結束時，在你睡覺之前，去想想一整天
所發生的事。如果有任何的時刻或事件不是你想要的樣子，
那就改用能使你滿意的方式，在心中「重播」一次。當你完
全依照你所要的樣子，在心中重新創造這些事件，就等於清
除了當天的頻率，並為明天發出新的訊號和頻率。你已經刻
意地為你的未來創造出新的生命畫面。改變生命畫面，是永
遠不嫌晚的。

強效的方法：感恩

喬‧維泰利博士

現在你要如何開始扭轉人生呢？最首要的是，開始列出讓你感恩的事。這會轉變你的能量，並開始改變你的想法。在這之前，你可能把焦點放在你欠缺的事物、抱怨和難題上。做了這個練習之後，你將走上不同的方向，你會開始對每個讓你感覺美好的事物感恩。

「如果『感恩能讓你的整個心靈，更接近與宇宙創造能量和諧一致的狀態』，對你來說是個新的思想，那麼請好好地思考一下，你會明白那是真的。」

—— 華勒思‧華特斯 (1860 - 1911)

瑪爾西‧許莫芙

感恩絕對是讓你的生命更加豐富的方法。

約翰・葛瑞博士
（心理學家、作家、國際級演說家）

每個男人都知道，當太太對他所做的小事表達感激時，他會做什麼？他會想為太太做更多。一切都與感恩有關，感恩會把事物牽引進來、吸引支持的力量。

約翰・迪馬提尼醫師

只要是我們所想、所感恩的一切，我們就會把它帶來。

詹姆士・雷

對我來說，感恩一直都是非常有效的練習。每天早上起床我就說「謝謝您」；下床的時候也說「謝謝您」；當我刷牙、做著早上的事情時，也開始對一連串的事物表達感激。但我不光是想一想、當作刻板的例行公事而已，我會把它營造出來，去感受感恩的感覺。

我永遠忘不了我們拍攝詹姆士・雷分享他的「強效感恩練習」的那天。從那一天開始，我就把詹姆士的方法用在我的生活中。每天早上，除非我感受到了感恩的感覺——對

這嶄新的一天，以及對生命中我所感激的一切──否則我不會起床。然後當我下床，一隻腳碰到地面的時候，我會說「謝謝」；換另一隻腳碰到地面時，則說「您」。走到盥洗室的每一步，我會說「謝謝您」；在我淋浴和整裝的時候，我持續地說著、並去感覺「謝謝您」。當我準備好迎接這一天時，我已經說「謝謝您」上百次了。

當我這麼做，我就是在強而有力地創造我的一天和當中的事物。我是在設定這一天的頻率，並且有意地宣告這一天我所要過的方式；而不是踉蹌地離開床，讓這一天掌控我。開始一天的生活，沒有比這更有力量的方法了。你是自己生命的創造者，所以，開始有意識地創造你的生活吧！

歷史上所有偉大人物的基本教誨之一，就是「感恩」。華勒思‧華特斯在一九一○年寫下那本改變我一生的書《失落的致富經典》（*The Science of Getting Rich*），該書最長的篇章，就是〈感恩〉那一章。所有在《祕密》裡頭擔任主角的導師，也全都把「感恩」當作他們生活的一部分；他們大多數都是以「感恩」的思想和感覺，做為一天的開始。

一位很傑出、成功的企業家喬‧史格曼，在看過《祕密》影片之後與我聯繫。他告訴我，「感恩的方法」是影片中他最喜歡的部分；而且他一生的功成名就，全都歸功於運用感恩的方法。隨著他所吸引來的成功，他每天持續運用感恩的方法，即使最小的事物也不例外。當他有車位可停，他總是會說出、並且去感覺「謝謝您」。他知道感恩的力量與其所帶來的一切，於是感恩就成了他的生活方式。

　　所有我讀過的，以及所有我在生命中運用這個祕密的經驗，感恩的力量都勝過其他一切。如果在這祕密的知識當中，你只想做一件事，那麼就去「感恩」吧，直到它成為你的生活方式為止。

喬・維泰利博士

一旦你對自己已經擁有的事物有了不同的感覺，你就會開始吸引更多美好、讓你可感激的事物。你本來也許會看看周遭，然後說：「我沒有我要的汽車、沒有我要的房子、沒有我要的配偶、沒有我要的健康。」噢！倒帶、倒帶！這些全都是你不想要的。把心思集中在你已擁有、而且讓你感到感激的事物上。你感激的或許是擁有閱讀這些文字的眼睛、或者是你的衣服。是的，你或許比較喜歡其他的東西，但如果你開始對現在擁有的一切感到感激，你也會很快得到其他東西。

「許多人以各種方式將自己的生活安排得很好，但卻仍活在貧窮之中，只因他們缺少了感恩。」

——華勤恩・華錚斯

　　如果無法感激目前所擁有的事物，你就不可能為你的生命帶來更多。原因何在？因為你沒有感激之情時，所發出的思想和感覺都是負面的。這些感覺都無法把你想要的帶給你，不論它們是嫉妒、忿恨、不滿或是「不夠」的感覺，它們都只會把你不想要的送回來給你。這些負面情緒阻斷了屬於你的好事的降臨。如果你想要一部新車，但卻對現有的車子沒有感激之情，那麼「缺乏感恩」將成為你發出的主要頻率。

　　感激你現在所擁有的。當你開始想著生命中值得感恩的一切，你將會感到驚訝，能讓你感恩的事竟然多到數不完。你必須先起個頭，吸引力法則會接收到這些感恩的思想，並帶給你更多類似的事物。你將會被鎖定在感恩的頻率上，一切美好的事物都將屬於你。

「每日的感恩練習，是財富降臨你身上的管道之一。」

——華勒思·華特斯

李·布勞爾

（理財專家、作家、教師）

　　我想，每個人都會有不如意的時候，那時他們會說：「這樣是不對的！」或「事情真是糟透了！」有一次，我家裡發生了些事，我拾起一顆

石頭，坐下來，就把它放進口袋裡，然後對自己說：「今後每次觸摸到這顆石頭，我就要去想值得感恩的事。」現在每天早上起床，我就把這顆石頭從衣櫃裡拿出來、放進口袋裡，然後把所有值得我感恩的事情想過一遍。到了晚上，我再把它從口袋裡拿出來。

關於這個想法，我有過一些很神奇的體驗。有位南非的朋友看見我口袋裡掉出一顆石子，他問：「那是什麼？」我解釋給他聽，於是他就開始稱呼它為「感恩石」。兩週後，我收到他從南非寄來的一封電子郵件，他說：「我的兒子患了罕見疾病，是肝炎的一種，生命垂危。您可以寄給我三顆感恩石嗎？」這些石頭只是我從街道上撿來的普通石頭，所以我說：「當然可以啊！」但是我得確定給他的石頭一定要非常特別才行，於是我跑到河邊，仔細挑選寄給他。

四、五個月後，我收到了他的電子郵件。他說：「我的兒子好多了，他現在非常健康。」而且他說：「有件事我得告訴你，我們以每顆十美元的價格，賣出了上千顆感恩石，全數捐給慈善機構。非常感謝你。」

所以，抱持「感恩的態度」是非常重要的。

　偉大的科學家愛因斯坦徹底改變了我們看待時間、空間和重力的方式。若從他貧困的出身背景來看，你會認為他不可能達到這些成就。愛因斯坦對這祕密了解得很多，他每天都

要說「謝謝您」上百次。他感謝所有以前的科學家，因為他們的貢獻，才能使他在研究上學習與達到更多成就，最後成為世上最偉大的科學家之一。

感恩最有效的運用之一就是與創造的過程配合，使你所要的加速實現。如同包伯・普克特在創造過程的第一步「要求」中所說，從寫下你想要的做為開始。「每個句子都這樣子開頭：我現在是多麼快樂和感激，所以……（其他部分自己填）。」

當你表達感謝，有如你已經得到你想要的事物一般，你就是在向宇宙發出強而有力的訊號。那訊號說，你已經擁有了它，因為你現在就感覺到對它的感激。每天早上起床前，養成一個習慣，預先去感受對眼前偉大的一天的感恩之情，有如它已經是值得你感激的一天。

自從我發現這個祕密、並且構築出與世界分享這個知識的願景時，每天我都對這部能帶給世界快樂的《祕密》表達感謝。當時我完全不知道，要如何才能把這知識變成影片畫面，但我相信我們會吸引一條道路出來。我持續集中焦點、並堅守那個結果；我事先就感受到深深的感恩之情。當它成為我的存在狀態時，閘門就打開了，所有不可思議的事情都湧入我們的生命。對《祕密》影片了不起的工作團隊、對我來說，我們深刻而由衷的感恩之情一直持續到今天。我們成了一個時時刻刻都能發出感恩共鳴的團隊，那也成了我們的生活方式。

強效的方法：觀想

「觀想」是幾世紀以來所有偉大的導師和人物，以及現世所有偉大導師一直在教導的方法。查爾斯‧哈尼爾在一九一二年所寫的《萬能鑰匙系統》（ *The Master Key System* ）一書中，提出了二十四週的觀想練習法（更重要的是，他整個的「萬能鑰匙系統」也將幫助你成為自己思想的主人）。

「觀想」之所以會這麼有效力，是因為你在心中創造一個看見「已經擁有想要的事物」的畫面，於是你就會產生「現在就已經擁有它」的思想和感覺。「觀想」就是強力專注在畫面上的思想，它會引發同樣強烈的感受。觀想時，你就是向宇宙發出強大的頻率。吸引力法則會捕捉這個有力的訊號，把與你心中所想的一模一樣的畫面傳送回來給你。

 丹尼斯‧維特利博士

我從「阿波羅太空計畫」中擷取這個觀想方法，並在八〇、九〇年代期間，把它運用在「奧林匹克計畫」中；這方法稱之為「駕車觀想練習」。

當你觀想時，你就在將它實體化。有一件關於人的心智很有趣的事：我們在奧運選手身上裝上精密的生理回饋裝置，然後要他們只在心裡進行比賽；不可思議的是，同樣的肌肉以同樣的順序被刺激，和他們真正在田徑場上賽跑的狀況一模一

樣。怎麼會如此呢？原來人的心並不會去區分你
是真的在做，或者只是在練習。你在心中達成什
麼，身體也同樣能達到。

　想想那些發明家和他們發明的東西：萊特兄弟和飛機、
伊士曼和電影、愛迪生和燈泡、貝爾和電話。任何被發明或
創造出來的東西，都是先源自於發明者在心中見到的一個景
象，這是唯一的方法。他清楚地看見它，然後藉由他在內心
持續保有那個「成品」的景象，宇宙的力量就透過他，把這
成品帶來這個世界。

　這些人都知道這祕密，他們對無形的事物有著完全的信
心；他們明白自己有著撐起宇宙的力量，能把所要發明的事
物化為有形。他們的信心與想像，成為人類進化的起因；而
我們每天都在享用他們極富創意的心智所帶來的好處。

　你或許會想：「我可沒有這些偉大發明家的頭腦」、「他
們可以想像出這些東西，但我不行」。沒有比這更大的假象
了。當你繼續探索這個祕密的知識，你會知道，你不只和他
們擁有一樣的頭腦，甚至還比他們更優秀。

麥克・杜利

當你在觀想、在心中營造景象時，永遠而且只要
思考「最終的結果」就好。

例如，現在看看你雙手的手背，要真的去看。看
你皮膚的顏色、斑點、血管、戒指，還有指甲，

記下所有的細節。在閉上眼之前，要看到你的手
和指頭就握在你的新車的方向盤上。

喬‧維泰利博士

此時，這全像式的體驗是如此地真實，甚至你連
真的車子也不需要；因為你感覺自己已經擁有了
它。

　　觀想時你想達到的地步，在維泰利博士的話中已作了最
好的總結。當你感覺到行駛中的顛簸，跟你睜開眼時在現實
中所感受到的一樣，你的觀想就變成真實的。那個狀態和層
面是真實的。一切事物都是從這個「場域」創造出來，「物
質界」只是那創造一切萬物的「真實場域」的結果。這就是
你會覺得不再需要它的理由；因為藉由觀想，你已經調整、
感受到創造的真實場域。在那個場域裡頭，你現在就擁有一
切。當你感受到，你就會了解。

傑克‧坎菲爾

其實是「感覺」在創造吸引的力量，而不是心
中的景象或思想而已。很多人以為：「如果我
有在正面思考、觀想擁有想要的東西，應該就夠
了。」然而，如果你那樣做，但仍然沒有感受到
豐足、愛或喜悅，那就無法產生吸引的力量。

包伯・道爾

你要感覺到，自己是真的已經在那車子上，而不是「希望我能得到那輛車」，或者「有一天我會擁有那輛車」。因為相關的感覺，很明確地不是在現在，而是在未來。如果你停留在那種感覺裡，你想要的就永遠只會待在未來。

麥可・柏納德・貝奎斯

現在，那種感覺、那種內在的「看見」，將開始成為一道敞開的門。藉此，宇宙的力量將開始展現。

「我說不出這股力量是什麼，我只知道它存在。」

——貝爾（電話發明者，1847 - 1922）

傑克・坎菲爾

我們的任務，並不是去想「如何」實現。那個「如何」，會從你所承諾和相信的地方出現。

麥克・杜利

「如何」的部分是宇宙的事。它總是知道你和你的夢想之間，最短、最快、最神速，以及最和諧的道路。

喬・維泰利博士

當你把這部分交給宇宙，你會對宇宙帶給你的事物感到訝異又疑惑。神奇和不可思議的地方，就在這兒。

《祕密》中的導師們，對你觀想時所帶入的每項元素，都是一清二楚的。當你在心中看見景象、並且去感覺它時，你就把自己帶向「相信已經擁有它」的境地；同時你也在實踐對宇宙的信任與信心，因為你把焦點放在最終的結果上，並且去體會那個感覺，沒有把絲毫的注意力放在「如何」到來的問題上。你心中的景象及感覺，都是看到它已經完成的樣子；你的心和你整個存在狀態，都是看見它已經發生的樣子。這就是觀想的藝術。

喬・維泰利博士

你差不多每天都要這樣練習，但不該變成吃力又討厭的工作。整個祕密中真正重要的，就是要感覺愉快。整個過程中，你都要感覺很振奮，你必須盡可能地感覺興奮、快樂、調和。

每個人都擁有觀想的力量。讓我用廚房的景象來向你證明。為了產生效果，首先你必須把一切有關你家廚房的想法全部清除掉；不要去想你家的廚房，把你家廚房的景象完全從心中清除，包括櫥櫃、冰箱、烤箱、磁磚和顏色的配置……。

　　你剛剛在心中看到你家廚房的景象了，對吧？那麼，你剛剛就是在觀想了！

「每個人都在觀想，不論他自己曉不曉得。觀想，是成功的大祕密。」

　　　　　　　　　　　　——吉納維夫‧白漢德（靈魂玄學家，1881－1960）

　　約翰‧迪馬提尼醫師曾在他的「突破經驗研討會」中，分享一個觀想的訣竅。他說，如果你心中想出來的景象是靜止的畫面，那麼要保有它就會很困難；因此，為你的景象多創造一些動態的動作。

　　為了示範，請再想像一下你家的廚房。這一次，想像你自己走進這廚房，走到冰箱那兒，手放在冰箱的把手上。打開它，往裡瞧，找一瓶冰水。手伸進去拿，當你握住那瓶水，你會感覺到手心的冰涼。你一隻手拿著那瓶水，另一隻手把冰箱的門關上。現在你就是在運用細節與動作，觀想著你家的廚房。這樣更容易去看見和保持那個畫面，不是嗎？

「我們都比自己所了解的，有著更多的力量和更大的可能性。觀想，正是其中最偉大的力量之一。」

　　　　　　　　　　　　——吉納維夫‧白漢德

強效方法的實際運作

 瑪爾西・許莫芙

真正過著這種神奇生活的人，與不是如此生活的
人的，差別只在：真正過著神奇生活的人已經習
慣這種存在方式，他們已經習慣運用吸引力法
則，不論走到哪兒，奇蹟都會發生在他們身上，
因為他們記得要使用它。他們一直在使用它，而
不是只做一次就算了。

這裡有兩個真實的故事，把強而有力的吸引力法則及宇宙
完美無瑕的架構，做了清楚的展示。

首先，是一位名叫潔妮的女子的故事。她買了一片《祕
密》的DVD，並且每天至少看一次，好讓她的身體細胞都吸
收到那個訊息。她對包伯・普克特的印象特別深刻，於是她
想，如果能夠見到他本人一定很棒。

有一天早上，潔妮去收她的信；讓她驚訝的是，郵差無意
中把包伯・普克特的信送到了她家。潔妮之前並不知道包伯
住的地方竟只離她家四條街之遠！不僅如此，潔妮家的門牌
號碼，還與包伯的一模一樣。她馬上把那封信送往正確的地
址。當門一打開，包伯・普克特就站在她面前，你能想像她
當時有多高興嗎？包伯常常在全世界巡迴講學，非常難得會
在家裡；但宇宙的架構就是知道完美的時機。從潔妮「如果

能見到包伯‧普克特的話，那該有多好」的想法，吸引力法則就驅動了整個宇宙的人、事件和情境，於是事情就這樣發生了。

　　第二個故事則和一位名叫柯林的十歲男孩有關，他看過《祕密》，很喜歡。柯林的家人安排要去迪士尼樂園玩一個禮拜，但在第一天他們就碰上了大排長龍的情況。於是，當天晚上就在柯林要入睡之前，他想：「明天我要去乘坐所有好玩的設施，而且不用再排隊等待。」

　　隔天早上，柯林一家人在「明日世界」的入口處等候。當園區開放時，一名迪士尼工作人員走了過來，問他們是否願意成為「明日世界」的「今日第一家庭」。成為「第一家庭」，他們會被賦予貴賓的身分，園方會特派一名工作人員陪同，「明日世界」的所有設施都能優先搭乘。這正是柯林所許的願望，而且還多更多！

　　那天早上，有上百個家庭等著進去「明日世界」；柯林對於他家會被選為第一家庭的原因，絲毫沒有懷疑──他知道，那是因為他使用了這個祕密。

　　想像一下，發現──在十歲的年紀──在你心中，竟然潛藏著移動世界的力量！

「沒有什麼可以阻擋你把所想的景象具體實現；除了創造它的同一個力量──你自己。」

　　　　　　　　　　　　　　　　　──吉納維夫‧白漢德

詹姆士‧雷

人們相信了一陣子，而且還成為擁護者。他們
說：「它引發了我的熱情。看完這個課程，我也
想改變我的人生了。」但是結果仍未出現。就在
表面下，這結果正準備要破土而出之際，然而有
人看到表面好像毫無動靜，於是就說：「這方法
無效啦。」知道嗎？這時宇宙就會說：「您的願
望，就是我的命令。」於是它就消失了。

　當你讓懷疑的思想進入心中，很快的，吸引力法則將會安
排一連串的懷疑過來。懷疑的思想到來的時候，要馬上釋放
它，把那個思想送走。用「我知道我正在接收」取代懷疑的
思想，並且要去感受它。

約翰‧亞薩拉夫

知道了吸引力法則後，我就想要付諸實行，看看
會發生什麼事。我在一九九五年開始做「願景
板」，凡是我想達成或吸引的東西──像車子、
手錶或夢中情人──我就把照片貼在願景板上。
每天，我會坐在辦公室裡看著它開始觀想，並且
真正進入已經獲得它的感覺狀態中。

那時我正準備要搬家。我們把所有的傢俱和箱子
放進儲藏室，而且五年內總共搬了三次。最後在
加州定居下來，買了這棟房子，重新整修了一

年，然後把五年前那棟房子裡的東西全搬過來。一天早上，我的兒子奇南進到我的辦公室，一只塵封五年的箱子就放在門口那兒。他問：「爹地，這裡頭裝的是什麼呢？」我說：「這些是我的願景板。」然後他又問：「什麼是願景板呢？」我說：「那是放置我所有目標的地方，我把它們剪下來，把這些目標放上去，讓它成為生命中我想要達成的目標。」當然，對一個五歲半的小孩來說，他是不會了解的。所以我說：「親愛的，讓我拿出來給你看，這樣最簡單。」

我把箱子割開，有一個願景板，上頭有張五年前我所觀想的房子照片。讓人震驚的是，我們現在所住的房子正是那一棟，而不只是相類似的房子——我真的買下夢想中的房子，還重新整修了一番，而我竟然都沒發覺。我看著那房子，開始哭了起來，因為實在太激動了。奇南問：「你為什麼要哭呢？」我說：「我終於了解吸引力法則是如何運作的了；我終於了解觀想的力量；我終於了解我一生所讀的書、做事採用的方法、創建公司的方式，用在我們家裡也會同樣有效。我竟然都沒發覺我買下了我們夢想中的家。」

「想像力就是一切，它是生命將發生之事的預覽。」

——愛因斯坦(1879 - 1955)

　　你可以利用一個願景板讓自己盡情想像，把想要的東西、想要的生活樣貌等圖片放在上面。確定要和約翰‧亞薩拉夫一樣，把它放在你每天都看得到的地方，去感受「現在就擁有它」的感覺。當你接收了，並且對它感到感激，你就可以把圖片拿下，換上新的。這是向孩童引介吸引力法則一種很棒的方式。我希望願景板的產生，能啟發全世界的家長和教師。

　　在《祕密》的網路論壇中，有一個人把《祕密》DVD的照片放在他的願景板上。他看過《祕密》的影片，但自己沒有。在他做了自己的願景板兩天之後，我突然有個靈感，在《祕密》論壇發表了一則公告：論壇前十名的發表人，可以免費獲得一片DVD。他正是那十位幸運者之一！在他把照片放在願景板上的第二天，就得到了《祕密》DVD。不論那是一片《祕密》DVD、還是一棟房子，「創造」和「接收」的喜悅都一樣巨大！

　　觀想另一個有力的例子，是我母親買新房子的經驗。除了我母親，還有許多人也想出價買下這棟特別的房子；於是我母親決定運用這個祕密，讓這房子能順利屬於她。她坐下來，把她的名字和新房子的地址寫了一遍又一遍，一直到她感覺彷彿這就是她自己的住址。然後她想像，她所有的傢俱都搬進了這棟新房子裡。數個鐘頭後，她接到電話，對方接受了她出的價。她興奮得很，但對她來說還不至於意外，因為她早知道那房子是她的了。真是個高手！

傑克‧坎菲爾

決定你想要什麼；相信你可以得到它；相信你值
得擁有它；相信它是可能的。然後每天閉上雙眼
幾分鐘，去觀想你已經擁有你想要的事物，並去
感受「已經擁有它」的感覺。此外，焦點放在你
現在所感激的一切，並真的樂在其中。然後去過
你的日子，將它釋放到宇宙中，並相信宇宙會找
出讓它出現的方法。

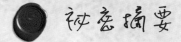秘密摘要

- 期盼是一股強大的吸引力。去期盼你想要的事物，別期盼不想要的。

- 感恩是轉變你的能量、並為你的生命帶來更多你想要的東西的有力方法。對目前已經擁有的一切感恩，你將會吸引更多美好的事物。

- 預先對你想要的事物表達感謝，能加速願望的達成，並對宇宙發出更強大的訊號。

- 觀想法就是在你心中創造出「你在享受你所想要的事物」那幕景象的方法。觀想時，你就產生「現在就擁有它」的有力思想和感覺。吸引力法則就會把那個實相傳回來給你，跟你心中所見的　模一樣。

- 好好地利用吸引力法則，讓它成為一種習慣性的生活方式，而不是做一次就算了。

- 每天結束時，在你睡覺之前，去想想一整天所發生的事。如果有任何的時刻或事件不是你想要的樣子，那就改用能使你滿意的方式，在心中「重播」一次。

金錢的祕密

「人的心……能想到的一切，就能做得到。」

——克萊門・史東（美國保險業鉅子，1902－2002）

 ## 傑克・坎菲爾

這祕密真的改變了我。我被一個思想很負面的父親帶大，他認為有錢人都是靠剝削他人而致富的，要變有錢就得欺騙他人。我在這樣一堆有關錢的錯誤信念中長大——你有錢，你就會變壞；只有壞人才會有錢；錢可不是白白長在樹上的。「你以為我是誰，洛克斐勒嗎？」這是他最愛講的一句話。我是在深信生活是艱苦的環境中長大，直到遇見克萊門・史東，我的生命才真正開始轉變。

當我和史東一起工作時，他說：「我要你設

一個目標，這目標必須大到一旦讓你達成，你會高興得飛上天。然後你會知道，是由於我教你的事，才讓你達成目標的。」那時，我的年收入大約八千美元；於是我說：「我想在一年內賺十萬美元。」但是，我完全不知道要如何達到這目標。我看不出有什麼策略、有什麼可能性。但我只對自己說：「我要這樣聲明、我要這樣相信、我要這麼做，就好像它是真的一樣。然後把它放下。」於是我就那麼做了。

其中他教我的一件事是：每天閉上眼睛，觀想你的目標已經達成了。我真的把一張改成十萬美元的紙鈔貼在天花板上。所以每天早上醒來，我第一眼看到的就是它；它會提醒我，那就是我的目標。然後我會閉上眼睛，觀想當我擁有這十萬美元時會過的生活方式。奇怪的是，大約三十天過去了，還是沒有任何大的進展；我沒有任何突破性的想法，也沒有人給我更多的錢。

大約就這樣做了四個星期，我突然有了能賺十萬美元的靈感，就像天外飛來的一筆。那時我已經寫了一本書，於是我想：「如果我能賣出四十萬本書，每本書賺兩毛五，那麼就會有十萬美元的收入。」書已經寫好在那兒，但之前還沒有這種想法（祕密之一是：當有靈感出現時，你一定得相信它，並付諸行動），我不知道要如何才能賣出四十萬本書。然後我在超級市場看到《國家詢問報》，以前看過該報無數次，只是從來沒去

注意過；但這次我突然注意到那份報紙。於是我想：「如果讓該報讀者都知道我的書，肯定會有四十萬人跑去買。」

大約六週之後，我在紐約亨特學院為六百名教師演講，演講結束後，一位女士走過來對我說：「演講很棒，我想採訪你，這是我的名片。」原來，她是為《國家詢問報》寫報導的自由作家。此時《陰陽魔界》的主題曲開始在我腦海中響起……哇，這招還真管用。她的報導刊登了出來，書的銷售量開始起飛。

我要講的重點是：是我去吸引這些事件——包括那位女士——進入我的生命。總歸一句話，那年我並沒有賺到十萬美元，而是賺了九萬兩千三百二十七美元。你以為我們會很沮喪地說「這招沒效」嗎？不，我們說：「這真是太神奇了！」於是我老婆跟我說：「既然這招對十萬元有效，那麼你覺得對一百萬元會不會有效呢？」我說：「不知道耶，不過我想是吧。那我們就試試看吧。」

我的出版商給了我《心靈雞湯》第一集的版稅支票，還在簽名處畫了一個笑臉，因為那是他開出的第一張百萬美元支票。

所以我是從自己的經驗中得知的。因為我曾經想要去測試這個祕密是否真的有效，我們測試過，證明絕對有效。現在，我就是那樣過著每一天。

祕密的知識及有意地使用吸引力法則，可以運用於生活中的每個層面。你想要的一切，創造的方法都是一樣的；金錢當然也不例外。

要吸引金錢，你必須專注在富裕上。如果你一直注意著自己的不足，就不可能為你的生命帶來更多金錢；因為這意味著你抱著「有所不足」的思想，專注在「錢不夠」，你就會創造更多數不清讓你「錢不夠」的境況。要把金錢帶來，你就必須專注在金錢的充裕上。

你必須用思想發出一個新的訊號，而這些思想必須是想著你現在就是「充足有餘」的。你確實需要開始運用你的想像力，裝作你已經擁有你想要的金錢了。這是很好玩的！你會發覺，當你假裝、扮演擁有財富的戲碼，你對錢的感覺馬上會好很多；當你這麼感覺時，財富也將開始流入你的人生。

傑克的故事啟發了《祕密》團隊，在《祕密》網站上提供了空白支票，讓人免費下載（網址：www.thesecret.tv）。這張支票是給你的，來自宇宙銀行，填上你的名字、金額及其他細節，然後把它放在顯眼的地方，讓你每天都看得到。看到那張支票時，就去感受當下擁有那筆錢的感覺；想像你去花用那筆錢、去買想要的東西、去做想做的事。去感覺那是多棒的事呀！要知道它就是你的。因為當你要求，它就是你的了。我們已經收到數以百計的故事，訴說使用《祕密》的支票為他們帶來了巨額的財富。這會是個很有效的趣味遊戲！

吸引豐足

　　人會沒有足夠金錢的唯一原因是，他們的思想阻礙金錢朝他們而來。一切負面的思想、感覺或情緒，都是在阻礙好事的到來──包括金錢。並不是宇宙要讓你和金錢無緣，因為你所需要的金錢，此刻就存在於無形中。如果你現在有所不足，那是因為你用自己的思想，阻擋了「金錢之流」流向你。你必須在思想的天平上，從「缺錢」的那一端，傾向「財富有餘」的那端。多抱著「豐足」而非「欠缺」的思想，你就加重了「財富有餘」的砝碼。

　　當你需要錢時，那是你內心很強烈的一種感覺，所以基於吸引力法則，你必然會繼續吸引「需要錢」這件事。

　　有關金錢，我可以藉由自己的經驗講幾句話。因為就在我發現這個祕密之前，我的會計師告訴我，那年我的公司遭逢巨大的損失，三個月內公司就會倒閉。辛苦奮鬥了十年，公司就要在我的手中結束了。由於我需要更多資金來挽回公司，事情就變得越來越糟糕，幾乎沒有任何出路了。

　　然後我發現了這個祕密，我生活中的一切全都改變了，包括公司的營運狀況，因為我改變了我的想法。當我的會計師還在煩惱、專注在那些虧損數字時，我卻把心思持續專注在「富足」和「一切順利」。我的每一根神經都知道宇宙將會給我這些，而果真如此，它給予的方式是我從沒想到的。

我也有過遲疑的時刻，但是當懷疑出現的時候，我立刻把思想轉移到我想要的結果上。我對這些表達感謝、感覺那種喜悅，然後相信！

　　我要透露給你這個祕密中一個不為人知的祕密。要達成你生命中想要的一切，其捷徑就是——當下就「是」快樂的、並且「感覺」快樂！這是把金錢和其他你想要的事物帶進你生命中最快的方式。專注於把快樂和喜悅的感覺散發到宇宙中。當你這麼做時，會把所有能夠帶給你快樂和喜悅的事物全部都吸引過來——不僅僅是金錢的富足，還包括你所想要的一切。你必須發出訊號來帶回你想要的事物。在你發出幸福感的時候，幸福會以生命畫面和經驗，將幸福送回給你。吸引力法則會把你最深層的思想和感覺反映回來，成為你的生命。

專注成功富裕

喬‧維泰利博士

我可以想像，不知有多少人正在想：「我該如何在生命中吸引更多財富？如何才能得到更多鈔票？如何獲得更多財富和成功？雖然熱愛目前的工作，但我又該如何處理自己的卡債？收入來自於工作，但薪水總是有限的，那麼我又該如何賺進更多的錢？」就去想要它吧！

這又回到整個祕密中我們說過的：你的任務就是在宇宙的型錄中指出你想要的。如果金錢是你的選擇之一，那就說出你要多少吧。譬如：「我要在三十天內得到兩萬五千美元的橫財」，或是其他的選擇——但必須是你自己也能相信的。

　　如果你抱持著過去的想法，認為金錢的唯一來源只有工作，那麼立刻丟掉這種想法吧。難道你要繼續這麼想，讓它成為你生命中必然的結果？這種想法對你根本沒有好處。

　　你現在終於了解，富足正在那兒等著你。你的任務不是去想出金錢要「如何」到來，而是去要求、去相信你已經在接收財富，以及當下就去感覺幸福快樂，至於其細節，就交給宇宙去處理吧。

包伯・普克特

大多數人都想解決債務問題，但那只會讓債務永遠跟著你。你會吸引你所想的一切。你會說：「我是說，我想走出債務呀！」我才不管你是走出還是走入，只要你還是想到債務，你就會繼續吸引債務。設定一個自動還債的計畫，然後開始將注意力放在成功富裕上吧。

如果有一堆不知道要如何清償的帳單時，不要把關注的焦點放在這上頭，因為這樣會繼續吸引來更多的帳單。你必須找出能讓你專注在成功富裕上的有效方法，縱使身邊有這麼多的帳單。你必須找出能讓你感覺美好的方法，如此一來，你才能將美好的事物帶來給你。

詹姆士・雷

許多次人們跟我說：「我想在來年增加雙倍的收入。」但看看他們的所作所為，全都不是在使它實現。他們會掉頭說：「我付不起。」於是會怎樣呢？「您的願望，就是我的命令。」

如果「我付不起」這句話已從你的口中說出，改變它的力量就在當下。把這句話改成：「我付得起！我可以買下它！」要不斷地這樣說，就像鸚鵡一樣。接下來三十天的目標是，刻意去看你喜歡的東西，對自己說：「我付得起。我

可以買下它。」看見夢想中的車子從眼前駛過，就說：「我付得起。」看見喜愛的衣服、想像美好的假期時，就說：「我付得起。」當你這麼做，自己就會開始轉變，對金錢的感覺會變更好。你會開始說服自己，相信自己是付得起的。如此一來，你的生命畫面就會跟著改變。

 麗莎・妮可絲

如果專注在欠缺、匱乏，以及你所沒有的事物上，然後跟家人一起煩惱、和友人傾訴、告訴孩子「我們沒那麼多錢買，我們付不起」，那麼你將永遠付不起，因為你開始吸引更多不能擁有的東西。如果你想要富足、想要成功，那麼就專注於富足和成功吧。

「精神實體──有形財富的源頭──是永無窮盡的，會一直與你同在、回應著你對它的信心，以及你對它的需求。」

──查爾斯・費爾摩（美國神祕哲學家，1854－1948）

既然知道這個祕密，以後看見富有的人，你就知道那個人的「主要思想」是放在「富裕」，而不是「匱乏」上，因此才把財富牽引到他們身上來──不論他們是不是有意識地這樣做。他們專注在富裕的思想，於是宇宙就移動了人、事和

情境,把財富送來給他們。

　　他們擁有的財富,你也有。差別只在於,他們想著能夠帶給他們財富的思想。你的財富正在無形中等著你,若要把它化為有形,就想著富裕吧!

大衛・希爾莫

　　在剛了解這個祕密的時候,我信箱中每天都有一大堆的帳單。我總在想:「要如何改變這個狀況呢?」吸引力法則說,「專注什麼,就得到什麼」;於是我弄來一張銀行的結算單,塗掉餘額,換成我想看到的數字。我想著:「我何不就觀想一堆支票進到我的信箱?」所以我就觀想一堆支票進到我的信箱裡。才一個月,事情就開始轉變,太神奇了。雖然現在還是會收到一些帳單,但我收到的支票比帳單多。

　　自從《祕密》影片發行後,我們收到數以千計的信件,談到這些人在看過影片後,信箱就收到意料之外的支票;這事之所以會發生,是因為當他們把焦點和注意力放在大衛的故事上,就替自己帶來了支票。

　　我發明了一個招數,可以幫助我轉變對那一堆帳單的感覺,就是把「帳單」想成是一堆「支票」。當我打開這些「支票」,我會高興得跳起來說:「又是給我的錢!感謝您、感謝您。」我把每一張帳單都想像成支票,然後還在心中把

金額加上一個零。我有一本記事本，在每頁的上方寫著「我已收到」，然後列出帳單的所有總額，並在後頭加個零。在每個總額旁邊，我會寫上「感謝您」，並且去感覺接收到「支票」的感激之情，直至我的眼淚奪眶而出。然後，我會拿起每一張帳單——比起「我已收到」的金額顯得小很多——帶著感恩的心去支付它！

　　除非我讓自己進入「帳單是支票」的感覺裡，否則我絕不打開那些帳單。如果在還沒能說服自己帳單是支票以前就打開，我的胃就會開始翻騰。我知道這種翻騰的感覺，正在強力地為我帶來更多的帳單；胃部的翻騰讓我知道自己該去除掉那種感覺，並用喜悅的感覺來取代它，好讓我把更多金錢帶進生命裡來。縱使有一堆的帳單也不怕，因為這個招數很有效，而且改變了我的生命。你可以發明的招數有很多，透過內心的感覺，你會知道什麼對你最有效。當你「假裝」，成果很快就會到來！

羅洛・朗梅爾
（財務策略師、演說家、個人及企業教練）

　　我在「你得辛苦賺錢」的觀念中長大，所以我用「錢來得容易、而且頻繁」的想法來取代它。起先，這感覺很像謊言，對吧？你腦中會有個想法說：「你胡說，賺錢辛苦得很。」所以你必須明白，會有一段像網球賽一樣的拉鋸時期。

　　如果你已經有「我非得辛苦地工作、奮鬥才會有錢」的想法，立刻丟棄吧。以這種想法思考，你就會發出那個頻率，變成你生命經驗的畫面。採用羅洛・朗梅爾的建議，將那些想法改成「錢來得容易、而且頻繁」。

大衛・希爾莫

談到創造富裕，富裕是一種心態，完全看你怎麼想。

羅洛・朗梅爾

在我對群眾所作的訓練中，可以說八成左右都與他們的心理和思維方式有關。我知道有人會說：「你可以做得到，但我不行。」每個人都有能力去改變自己內心與錢的關係和對話。

「好消息是，當你決定：自己『知道』的，比被教導去『相信』的更為重要時，你對富裕的追求就會更加有力。成功來自於內在，而非外在。」

——愛默生（美國文學家、思想家，1803－1882）

　　你必須對金錢感覺美好，才能為自己吸引更多的錢。可以
理解，當缺錢時，對錢就不會有好的感覺，因為錢不夠用。
然而，對金錢的這種負面感覺，會阻止更多的金錢流向你！
你必須停止這個循環——藉由開始對錢產生好感，以及感激
你現在所擁有的。開始說、並且去感覺：「我擁有的綽綽有
餘」、「有一大筆的金錢在那兒，並且正朝我而來」、「我
是吸錢的磁鐵」、「我愛錢，錢也愛我」、「我每天都會收
到錢」、「感謝您，感謝您，感謝您」。

捨財得財

　　「給予」是把更多金錢帶進你生命裡的強效方法，因為在給予的時候，你等於是在說：「我有很多。」所以，當你知道這世界最有錢的人都是最偉大的慈善家時，你不會感到驚訝。他們捐出龐大的錢財；當他們給予，依據吸引力法則，宇宙會開始行動，讓乘以數倍的巨額財富回頭湧向他們。

　　如果你這麼想：「我沒有那麼多錢可以給呀。」答對了！現在你終於知道為什麼你的錢會不夠了吧！如果你認為自己沒錢可以給予，那麼就開始給予吧。當你展現給予的信心，吸引力法則一定會給你更多，好讓你去給予。

　　「給予」和「犧牲」兩者有很大的差別。因滿溢的心而給予，感覺會非常的美好；犧牲則不會有美好的感覺。不要將二者搞混，它們有天壤之別。一個發出的是匱乏的訊號，另一個則是充足有餘；一個感覺好，另一個感覺不好。犧牲最終會導致怨恨，全心去給予，是你能做的最快樂的事之一；吸引力法則會捕捉到那個訊號，並使更多東西湧進你的生命。你可以感覺到那個差別。

　詹姆士·雷

　　我發現許多人賺進了大筆錢財，但他們的生活卻糟透了，這並不是富裕。你可以追逐金錢，或許

也成了有錢人，但這並不保證你就是富裕的。我的意思不是說金錢不是富裕的一部分，它絕對是；但，也僅是一部分而已。

我也遇過很多所謂「有靈性」的人，但他們總是又病又窮，這同樣也不是富裕。生命在每一方面本來就該是富足的。

如果你在成長過程中一直相信「富有」就是心靈貧乏，那麼我強力推薦你去閱讀凱薩琳・龐德（Catherine Ponder）的「聖經中的富翁」（The Millionaires of the Bible）系列叢書。在這些書中你會發現：亞伯拉罕、以撒、雅各、約瑟、摩西和耶穌，他們不只教導人們成功富裕，自己也都是富翁，擁有現今有錢人無法想像的富裕生活方式。

你是天國的繼承者，成功富裕是你與生俱來的權利，在你生命的每個層面，你都擁有獲得更多富足的鑰匙，這是遠遠超過你想像的。你值得擁有你想要的一切美好事物，而宇宙也會把它們給你，但是你必須把它召喚到你的生命中。現在你知道這個祕密了，你已擁有這把鑰匙——就是你的「思想」和「感覺」，這把鑰匙一生都握在你的手中。

 瑪爾西・許莫芙

在西方文化中，許多人都在努力爭取成功。他們要有大的房子、要讓事業成功、想擁有一切外在的事物。但在我們的研究中發現，得到這些東西

並不保證就能擁有我們真正想要的幸福。因此，如果我們追求這些外在的事物，並認為會帶來幸福，那就是在走回頭路。你必須追求的是內在的喜悅、內在的平靜，以及內在的願景；唯有先這樣做，外在的一切才會顯現。

你所要的一切，都是內在的功夫！外在的世界是成果，是思想的結果。把你的思想和頻率設定在幸福快樂上，散發內在幸福和喜悅的感覺，盡你一切的力量把它傳送到宇宙裡，你將會在地球上體驗到真正的天堂。

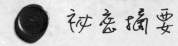 祕密摘要

- 要吸引金錢，就要專注在富裕。專注於金錢的不足，就不可能在人生中帶來更多金錢。

- 利用想像力，以及假裝你已經擁有你想要的財富是很有幫助的。扮演擁有財富的戲碼，能讓你對金錢的感覺變好；當對金錢有了好的感覺，就會有更多的金錢流入你的人生。

- 當下就感覺快樂，是為人生帶來財富最快速的方法。

- 刻意去看你喜歡的東西，對自己說：「我付得起。我可以買下它。」你就會轉變你的想法，對金錢的感覺會變得更好。

- 去給予，好讓更多金錢進入你的人生。當你慷慨使用金錢、對分享金錢也感覺美好，你等於是在說：「我有很多錢。」

- 觀想信件裡有支票。

- 讓思想的天平傾向富裕的那一端。要想著富裕。

關係的祕密

瑪莉・戴蒙

（風水師、教師、演說家）

這祕密意味著：我們是自身宇宙的創造者，生命中我們想達成的每個願望都能實現。因此我們的願望、思想和感覺是很重要的，因為它們都會顯現出來。

有一天，我到一位知名電影製片兼藝術指導的家裡。屋裡的每個角落都掛滿了用一塊布遮掩的裸女像，擺著別過身去的姿勢，好像是在說：「我才不理你呢！」我告訴他：「我猜你在愛情上可能會有問題。」他說：「你有超能力嗎？」我說：「才不是呢。你看，你竟然在七個地方都掛著同樣的女人。」他說：「但我喜歡這種畫，這都是我自己畫的。」我說：「那更糟糕，因為你把所有的創意和創造力全都放在這裡頭了。」他是個很帥的男人，而且因為工作的關係，周遭都是女明星，但他竟然沒有羅曼

127

史。我問他：「你想要什麼呢？」他說：「我要一星期與三個女人約會。」我說：「好，那就畫下來。為自己畫三個女人，然後掛在住處的每個角落。」

半年後我看到他，就問：「你的愛情生活如何？」他說：「太棒了！都是女生自己打電話來要和我約會。」「因為那就是你的願望呀！」我說。他說：「感覺真好。我的意思是說，好幾年沒約過會，而現在我每星期都有三個約會，她們都為我吵架呢！」「真有你的！」我說。然後他告訴我：「其實我想要安定一點。現在想要婚姻、想要浪漫。」我說：「那麼，再把這想法畫下來吧。」他就畫了夢想中美麗的浪漫關係。一年後，他結婚了，而且非常幸福。

這是他向外投射了新的願望。之前他內心盼望了好幾年，但都沒有發生，那是因為他的願望沒有顯現出來。他外在層次的自己——他的房子——總是與他的願望相違背。因此，如果你了解這個知識，你就會開始運用自如。

　　瑪莉・戴蒙客戶的故事，完美地說明了風水學如何反映出這個祕密的道理，說明了我們的思想運作時，其創造的力量有多強大。我們採取任何行動之前，都會先有一個思想，思想產生我們所說的話、所受的感覺，以及所採取的行動。尤其是行動，會特別有力量，因為行動就是「已經引發我們去做」的思想。

　　我們甚至可能不了解自己內心最深處的思想是什麼，但是我們可以從自己所採取的行動中，明白我們一直都在想什麼。在那位電影製片的故事中，他內心最深處的思想就反映在他的行動和周圍的事物中。他畫了許多女人，全都是背對他的，你看出他內心最深處的思想是什麼了吧？縱使他嘴裡說想和更多的女人約會，但他的畫反映不出他內心最深處的思想。透過行動上的刻意轉變，使他將全部的焦點放在想要的事物上。透過吸引力法則，做這麼簡單的轉變，利用畫下夢想中的生活，就能在生命裡實現。

　　當你要把某個事物吸引到你的生命裡，千萬注意你的行動是否與你的願望相違背。《祕密》影片中的主角之一麥克・杜利，在他的有聲課程《善用宇宙的魔法》中提出一個很好的例子：那是一個女子想要吸引她的理想伴侶進入她的人生的故事，她已經做完所有「正確的事」，她很清楚理想中的「他」該是什麼樣子，還列出詳細的人格特質，並在生活中觀想「他」的存在。雖然這些都做到了，但還是看不到那人的影子。

　　然後有一天她回到家，正要把車子停在車庫的中間時，她倒抽了一口氣，突然發現她所做的都與她想要的相違背──如果把車子停在車庫中間，她的理想伴侶就沒地方停車了！她的舉動等於是在向宇宙強烈暗示，她不相信自己會得到她所要求的。於是她馬上就把車庫收拾乾淨，並把車子停到一邊去，挪出空間留給她的理想伴侶停車。然後她進到房間，把塞滿衣物的櫃子打開，發現沒地方可以放她理想伴侶

的衣物，所以她把一些衣物搬走，挪出空間。另外，她睡覺時一直都是躺在床中間，於是她開始只睡「她」那一邊，把另一邊留給「他」。

在一個餐宴上，這名女子把她的故事告訴了麥克‧杜利，而她的理想伴侶就坐在她的旁邊。當她採取這一切有效的行動、假裝她已經擁有理想伴侶之後，「他」真的走進她的生命，現在他們有著幸福的婚姻。

另一個「假裝」的例子是我的姐妹——《祕密》影片的製作總監葛蓮達的故事。她的生活和工作都在澳洲，但她想搬來美國，和我在我們美國的辦事處一起工作。葛蓮達非常熟悉這個祕密，於是她做了所有正確的事，希望能帶來她想要的結果。但是幾個月過去了，她人還是在澳洲。

葛蓮達檢視了她的行動，發現她並沒有去「假裝」她已經得到她所要求的。於是她開始採取有效的行動，她為前往美國一事安排好生活中的一切、取消所有的會員活動、將不需要的東西送人、把行李箱拿出來打包好。不到四星期，葛蓮達已經在我們的美國辦事處工作了。

去想想你所要求的，確認你的行動正確地反映你的期待、沒有違背你所要求的，假裝你正在接收它。你的所作所為，要完全像是今天就在接收它那般。在你的生活中，要採取能反映出那個強烈期待的行動，挪出空間來接收你的渴望，如此，你就是在發出強力的期待訊號。

你的職責在於自己

麗莎・妮可絲

在人際關係中，事先了解進入關係的那個人是很重要的，不只是了解你的伴侶，你必須先了解自己。

詹姆士・雷

如果連你都不喜歡與自己相處，那你如何去期待別人呢？於是，吸引力法則或這祕密又會再次把相同的情況帶入你的生命中。對這一點，你要非常非常的清楚。我要請你去思考這個問題：你是否有像希望別人對待你那樣地對待自己'？

如果你對待自己，並沒有像希望別人對待你那樣，那你永遠也無法改變事情的狀況。你的行動是強而有力的思想，因此，你如果沒有用愛和尊重來對待自己，你就會發出訊號說：你不夠重要、你沒有價值、你不值得。這個訊號會持續地放送，你將會遇到更多待你不善的人。這些人只是結果，你的思想才是起因。你必須開始用愛和尊重來對待自己，發出那樣的訊號、達到那種頻率，然後吸引力法則將會移動整個宇宙，你的生命將會充滿愛你、尊重你的人。

　　許多人為了別人而犧牲自己，認為犧牲自己就是好人。
錯！犧牲自己只可能來自於絕對匱乏的思想，因為它說：
「因為不是每個人都有足夠的東西，所以我得當那個沒份兒
的。」這並不是好的感覺，所以最終都會導致怨憤。每個人
都能擁有富足，召喚自身的渴望，是每個人的責任。你無法
為別人召喚，因為你無法替他們思考和感覺。你的職責就是
自己。如果先讓自己感覺美好，這美好的頻率就會散發出
來，並且感化每個接近你的人。

 約翰・葛瑞博士

讓自己成為解決問題的人。不要指著別人說：「
你欠我的，所以你得給我更多。」相反地，給自
己多一點，抽出時間給自己，把自己填到飽滿的
程度，直到自己能夠滿溢而去給予。

「想要獲得愛……就讓自己填滿愛，直到你成為愛的磁鐵。」

──查爾斯・哈尼爾

　　我們大部分人都被教導要把自己擺在最後一位，結果是，
我們吸引來自己是沒價值的、不值得的感覺。只要這些感覺
寄居在我們心裡，我們就會吸引更多讓自己感覺沒價值、不
充足的人生境遇。你必須改變那樣的想法。

「無疑地，對某些人來說，把這麼多愛給自己的想法，看起來似乎很冷酷、無情、又不慈悲。然而這件事可以從另外一個觀點來看：當我們發現，照顧好那『第一的』——如同『宇宙』所引導的——其實就是在照顧那『第二的』；而這事實上也是讓那『第二的』獲得永久福祉的唯一方式。」

——蕭蘭絲斯·鳥福儂

　　除非先把自己填滿，否則你沒有東西可以給別人；因此你很自然地會以自己為優先，先專心在自己的喜悅上。人有責任讓自己喜悅。當你把目標放在喜悅上、做著會讓自己感覺美好的事，你就成了一個喜悅，成為你生命中每個人、每個孩子光明的榜樣。當你感覺喜悅時，甚至連「給予」這件事都不必去想，就會自然地滿溢出來。

 ## 麗莎·妮可絲

　　在好幾次的交往關係中，我一直都期待伴侶能稱讚我的美麗，因為我看不到自己的美。在我成長過程中，我的英雄（或英雌）就是「無敵女金剛」、「神力女超人」和「霹靂嬌娃」，我覺得她們好棒，但我長得不像她們。直到我愛上自己——愛我的咖啡色皮膚、我的厚唇、我的圓臀、我黑色的鬈髮，整個世界才會愛上我。

你不得不愛**你**自己的理由是，如果不愛**你**自己，你是不可能感覺美好的。當你覺得自己不好，你就阻擋了宇宙為你所準備的一切愛和美好的事物。

你覺得自己不好的時候，會感覺元氣好像被榨乾了。因為你自身一切的美好——包括健康、財富、愛——都是存在於喜悅與美好的感覺頻率中。擁有無限能量及健康安好的美妙感覺，也都是存在於感覺美好的頻率裡。當**你**覺得自己不好，你就處於一種頻率上，會吸引更多的人、情境和環境，來讓「覺得**你**自己不好」的感覺繼續下去。

你必須改變你的焦點，並開始想想自身美好的一切，要在自己內心中找到正面的事物。當你專注在這上面，吸引力法則將會顯現更多**你**自身的美好。你會吸引任何你想的事物。你只需從持續想著一個自己的優點開始，吸引力法則將會用更多同類的思想回應**你**。尋找**你**自身的美好。尋求，你必定得到！

包伯・普克特

你有著非常棒的特質。我研究自己四十四年了，有時候連我都想吻一下自己！因為你必定要去喜歡自己，我指的不是自負，而是一種對自己有益的尊重。當你愛自己，你自然就能夠愛他人。

瑪爾西・許莫芙

在人際關係中，我們都非常習慣抱怨他人，譬如：「我的同事真是有夠懶惰、我的老公讓我抓狂、我的孩子真是難搞」，焦點總是放在他人身上。然而，要讓人際關係順利，我們必須把焦點放在對他人的欣賞上，而不是抱怨。當我們抱怨時，我們只會得到更多引起抱怨的事。

縱使你現在的人際關係真的很糟：交往不順利、相處不來、老是被人批評，你仍然可以扭轉這個局面。拿張紙來，接下來用一個月的時間，寫下那個人讓你欣賞的地方。想想所有你能夠愛他們的理由，例如：你欣賞他們的幽默感、欣賞他們的支持幫忙等。當你把焦點放在欣賞、感謝他們的優點時，你會發現更多值得欣賞、感激的東西，問題就會漸漸消失。

麗莎・妮可絲

你往往都把創造快樂的機會給了別人，而他們常常也無法做到你想要的樣子。為什麼？因為唯一能為你的喜悅、幸福負責的人，就是你。因此就算你的父母、孩子或配偶，他們對你的幸福也沒有主控權。他們擁有的，只是和你分享幸福的機會。你的喜悅，是來自自己的內心。

　　你的一切喜悅，都在愛的頻率上——那是世上最高、最有力量的頻率。愛，無法握在你的手上，你只能在心中感受它，愛是一種存在狀態。你可以在人的身上，看見表達愛的證明。愛是一種感覺，然而唯一能夠流露、發出愛的感覺的人，是你。你有無限的能力來產生愛的感覺；當你去愛的時候，就和宇宙處於全然的和諧之中。盡你所能地愛所有人及事物，焦點只放在你所愛的、能感覺到愛的事物上，你就會體驗到愛和喜悅加倍回到你的身上！吸引力法則必將回送給你更多愛的事物。當你流露出愛，感覺會像整個宇宙在為你做每一件事、給你一切喜悅的事物、給你一切美好的人。事實上，也真的是如此。

祕密摘要

- 當你要吸引某種關係到生命中,千萬記得不要讓你的思想、語言、行為,以及周遭環境,與你所渴望的相違背。

- 你的職責在你自己。除非先把自己填滿,否則你沒有東西可以給別人。

- 以愛和尊重對待自己,就會吸引愛你、尊重你的人。

- 當你覺得自己不好,就是在阻擋愛;而且,你會吸引更多繼續讓你覺得自己不好的人和情境。

- 專注在那些你喜歡自己的特質上,吸引力法則將會帶來更多你自身美好的東西。

- 要讓某種關係順利,就把焦點放在對他人的欣賞上,而非抱怨。當你把焦點放在他們的優點上,你就會發現他們更多的優點。

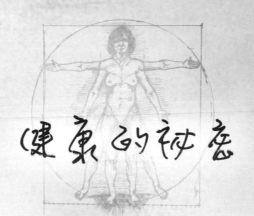

健康的祕密

約翰・海傑林博士
（量子物理學家、公共政策專家）

我們的身體其實就是思想的產物。醫學上我們已
經開始了解，思想和情感的狀態確實會影響身體
的物質、結構和功能。

約翰・迪馬提尼醫師

在治療技術上，我們都聽過「安慰劑效應」。「
安慰劑」就像糖錠一樣，是對身體毫無影響和效
果的東西。

你告訴病人那是有效的藥，結果有時縱然沒出現
更佳的效果，安慰劑也能和原本用來治療的藥物
一樣有效。因此我們發現「人心」才是治療的最
大要素，其重要性有時甚至超過藥物。

　　越能覺察到這個祕密的重要，就越能看清楚發生在人們身上的事件背後的真相——包括健康方面。「安慰劑效應」是個強而有力的現象，只要病人認為、並真的相信那個藥能夠治好病，就能接收到他們所相信的，並因此痊癒。

約翰・迪馬提尼醫師

若病人在藥物治療外，選擇了另一種治療——探索產生疾病的內心因素；但在探索的同時，如果情況是緊急而且可能致命的，那麼使用藥物當然是明智的選擇。因此我們不否定藥物治療，每種治療都各有其價值。

　　這種心療是可以與藥物一起和諧運作的。如果感到疼痛，藥物有助於消除疼痛，讓病人可以將強大的心力專注在健康上。不管周遭發生什麼事，「想著我是健康無恙的」，是每個人都可在內心裡做的事。

麗莎・妮可絲

宇宙是個豐饒的傑作，當你開放自己去感受宇宙的豐饒，你會體驗到驚奇、喜悅、幸福，以及宇宙給你的一切美好事物——良好的健康、令人滿意的財富和良善的本性。如果用負面的思想封閉自己，你就會感到不適、疼痛和痛苦，覺得每天都是難熬的一天。

班‧強生博士

（物理學家、作家、能量治療領導者）

目前我們有多達千種不同的診斷和疾病。疾病只
是身體系統的連結鬆脫了，並且全都是同一原因
──壓力──所造成的結果。只要施加足夠的壓
力在某個環節和系統上，那麼其中某個連結就會
斷裂。

所有壓力都是由一個負面思想開始的。一個思想若未經過
檢驗，就會有更多的思想接踵而來，直到壓力顯現。壓力是
結果，負面的想法才是起因，而且都是由一個微小的負面思
想開始起頭。然而，不論你已顯現出什麼，都可以藉由一個
小的和接續而來的正面思想來改變。

約翰‧迪馬提尼醫師

我們的生理機能會藉由生病回饋給我們，好讓我
們知道自己的觀點失衡了，或是離開了愛和感恩
的狀態，因此身體出現這些徵兆和症狀並不是件
壞事。

迪馬提尼醫師告訴我們，愛和感恩可以解除我們生活中所
有的負面性──不論以什麼形式。愛和感恩能夠移山倒海，
創造奇蹟；愛和感恩能夠消弭任何疾病。

麥可・柏納德・貝奎斯

人們常問的一個問題是:「人在身體這座殿堂裡
顯現了疾病,或是在生活中有某種不安,能否可
以藉由『正確的』想法來扭轉呢?」答案是絕對
肯定的。

笑,是最佳良藥

凱西・古德曼
（個人故事）

我被診斷出罹患乳癌,但我以強烈的信心,真的
在心中相信我已經痊癒了。每天我都會說:「感
謝我已經好了。」一直持續不斷地說:「感謝我
已經好了。」我內心相信我已經痊癒,我看待自
己,有如身體從來沒罹癌一般。

我療癒自己的方法之一,就是去看很爆笑的電
影,一直笑呀笑的。我的生命可再也承受不起壓
力,因為我們知道嘗試自我治療時,壓力是最糟
糕的事。

從診斷出癌症到痊癒,前後大約花了三個月,而
且沒有使用任何放射線或化學治療。

　　凱西這則美麗又激勵人心的故事，說明了三個在運作中的巨大力量：感恩的療癒力、接收的信心力，以及歡笑和喜悅消除體內疾病的治療力。

　　凱西是在聽到諾曼・卡森斯的故事後受到啟發，把「笑」納入她治療的一部分。

　　諾曼被診斷罹患了「絕」症，醫生告訴他，只剩下幾個月的日子可活。於是諾曼決定自己來治療，三個月來，他只看爆笑的影片，持續地笑呀笑的。就在這三個月中，疾病從他的身體離開，醫生們直呼他的康復簡直是個奇蹟。

　　諾曼在笑的同時，釋放了所有的消極性，於是也釋放了疾病。笑，真的是最佳良藥。

班・強生博士

我們都有個稱為「自我療癒」的內建程式，受傷後會再復原。遭受細菌感染時，免疫系統會去對付這些細菌，並且治好。免疫系統就是設計來「自療」的。

包伯・普克特

疾病無法在處於健康情緒狀態的身體中存活。你的身體每秒都在丟棄上百萬個細胞，同時也製造上百萬個新生細胞。

約翰・海傑林博士

事實上，我們身體的某些部分天天都在更新，有些是幾個月、有些則是幾年。然而，我們每個人在幾年之內就會有一個全新的身體。

如果我們整個身體就如科學所證實的那樣，在幾年之內就會全部替換，那為何退化和身體的不適，會留存在身體裡好幾年呢？這些退化和不適，只有藉由思想、藉由對身體不適和疾病的觀察和注意力，而被留存在那兒。

想著完美的念頭

要有想著完美的念頭。病痛無法在一個擁有和諧思想的身體中存在。要知道，一切都是完美的；當你觀察的是完美，你就會召喚它過來。人類所有的病苦，包括疾病、貧困和不幸，都是起因於不完美的想法。當我們有負面的想法，我們就和與生俱來的權利做了切割。要做出這樣的企圖與宣告：「我要想著完美；我只看到完美；我就是完美。」

我要把所有的僵硬和不靈活，全都從身體裡排除掉；只專注在把自己的身體看作有如小孩般的靈活和完美、所有僵硬和關節痛都消失。我整夜都這麼做。

「老化」的信念就在我們的心裡。根據科學的解釋，我們在非常短的時間內，就能重獲一個全新的身體。「老化」是個局限的想法，所以把這些思想從你意識裡釋放掉吧。要知道，不論你心裡記得度過多少次生日，你的身體永遠都只有幾個月大。下次你生日的時候，對自己好一點，把它當作第一次生日來慶祝吧！別在蛋糕上插滿六十根蠟燭，除非你想把「老化」召喚過來。很不幸地，西方社會對年齡越來越注重；然而實際上，根本沒有「年齡」這種東西。

你可以用想的，就達到健康的完美狀態、完美的身體、完美的體重，以及永駐的青春。藉由不斷地去想著完美，你就可以把完美帶進生命裡。

 包伯・普克特

> 生病時，你若聚焦在病痛上，又和人們談論這些病痛，就會製造更多有病的細胞。要把自己當成是活在一個健康無恙的身體裡，病痛的事就交給醫生去處理吧。

人們有病痛時常做的事情之一，就是一直和別人談論它。因為他們老是在想著病痛，所以用言語表達他們的思想。如果身體感到微恙，千萬別去談論它——除非你想要得到更多的不適。要知道，責任是在你的思想上，要盡量不斷地對自己說：「我感覺好棒；我感覺真好。」並且要真的去感受它。在你感覺不太好時，若有人過來問你感覺怎樣，就要覺

得感激；因為那個人提醒了你，要去想感覺良好的思想。說話的時候，永遠都只說你想要的。

除非你認為你可以，否則你是無法「得到」任何東西的。認為自己可以，就是在藉著思想做出邀請。如果你聽別人訴說他們的病痛，你也等於是在邀請病痛的到來。在聽的時候，你就把全部的思想和焦點放在病痛上。而把全部的思想放在某個事物上，就是在請求它的到來。所以聆聽他人訴說病痛絕對不是在幫他們，只會增加他們病痛的能量。如果你真的想幫助那個人，就把話題轉向美好的事物——如果你可以的話——否則就別管閒事。當離開時，用你有力的思想和感覺，去想著那個人的身體是健康安好的，然後就別再去想了。

麗莎‧妮可絲

譬如說有兩個人，他們都患了某種病，但其中一人選擇專注在喜悅上。他選擇活在可能性和希望裡頭，焦點放在他應該感到喜悅和感恩的理由上。同樣的診斷，另一個人則選擇專注在疾病、痛苦，還有「我真不幸啊！」上頭。

包伯‧道爾

當人們完全專注在身體不對勁的地方和症狀上，

將會使這種狀況持續存在。除非他們把注意力從
生病轉移到健康，否則療癒是不會發生的，因為
這是吸引力法則。

「讓我們盡量牢記一件事——每個不愉快的思想，都是放進身
體裡的壞東西。」

——菩蘭特斯·写福德

 ### 約翰·海傑林博士

較愉悅的思想會產生較愉悅的生化物質，也會有
較健康快樂的身體；負面的思想和壓力，則嚴重
地使身體和腦部的功能退化。因為我們的思想和
情感，會一直不斷地重聚、重組、重造我們的身
體。

不論你的身體已顯現出什麼狀態，你都可以改變它——徹
徹底底的。開始去想快樂的思想、讓自己處於快樂的狀態。
快樂是存在的一種感覺狀態，把手指放在「感覺快樂」的按
鈕上，現在就按下它，不論周遭發生什麼事，持續緊緊地按
住它。

班·強生博士

把生理上的壓力拿走後，身體就會執行它天生的
功能——它會自我治療。

你不必艱苦奮戰來擺脫疾病，你只需要釋放掉負面的思
想，讓身體原本的健康狀態重新出現就好，方法就是這麼簡
單。你的身體會治療它自己。

麥可·柏納德·貝奎斯

我看過，有人腎臟重新長出來、癌細胞消失了、
視力改善並回復正常。

在我發現這個祕密之前，我戴著眼鏡閱讀已經有三年之
久。有天晚上，我在查詢幾世紀來關於這個祕密的知識時，
我發覺自己伸手去拿眼鏡，想看清楚正在閱讀的東西。我當
場停了下來，發現自己做出這個舉動，令我頓時像被雷擊一
般震驚。

我過去聽信社會上的說法，說隨著年齡增長，人的視力會
減退。我看過人們把手伸得遠遠的，才能閱讀手上的東西。
我給了自己「隨著年齡視力會減退」的想法，並且把這狀況
帶給自己。雖然我沒刻意要這麼做，但我就是做了，而我
知道，因思想而來的事物是可以改變的。於是我馬上想像，
自己能夠像二十一歲時那樣視力清晰。我看見自己在晦暗的
餐廳內、飛機上、電腦前，能夠毫不費力地清楚閱讀。我不

斷地說：「我可以看得清楚、我可以看得清楚。」我感受到擁有清晰視力時的那種感激和興奮。三天後，我的視力恢復了。我現在閱讀不需要戴眼鏡，因為我看得很清楚。

當我告訴班‧強生博士（《祕密》中的導師之一）我所做的事，他說：「你可知道該做些什麼，才能讓你的眼睛在三天內發生這個奇蹟？」我回答：「不知道。感謝老天我當時不知道，所以腦子裡什麼也沒想！我只知道我做得到，所以很快就做到了。」（有時候，知道得越少越好！）

強生博士消除了他自己身體裡的「絕」症，相較於他的神奇故事，視力的恢復對我來說可說算不了什麼。事實上，當時我是期望隔天視力就能恢復的，所以在我的心中，三天不能算是奇蹟。要記得在宇宙中，時間和大小是不存在的，治療疾病和治療面皰一樣簡單。方法是完全一樣的，差別只在我們的心。如果你吸引到某種精神或肉體上的痛苦，那就在心中把它縮小到面皰的大小，拋開所有的負面思想，然後專注在完美的健康上。

沒有治不好的病

約翰・迪馬提尼醫師

我常說，所謂的「絕」症，就是指「要從內心治療」的疾病。

我相信、而且知道，沒有什麼病是治不好的。所謂的絕症都曾經被治好過。在我心中及我所創造的世界，「無法治療」是不存在的。這個世界，還留給你許多的空間。所以，加入我們吧。這是個每天都在發生「奇蹟」的世界，這是個充滿了全然的豐盛、一切美好事物當下就具足的世界，就在你的內心。聽起來就像是天堂，不是嗎？它就是天堂。

麥可・柏納德・貝奎斯

你能改變生命。你能自我療癒。

莫里斯・古德曼
（作家、國際級演說家）

我的故事發生在一九八一年三月十日。這一天真的改變了我的一生，使我永生難忘——我墜機了。我被送到醫院時全身癱瘓，脊椎摔斷了，傷

到第一和第二節頸椎；我的吞嚥反射功能損壞，
無法吃、喝；橫膈膜也遭損壞，無法呼吸。唯一
能做的，就是眨眼睛。當然，醫生們說，我將變
成植物人度過餘生，所能做的，也只有眨眼睛而
已。那是他們對我的看法，但他們的看法並不重
要，重要的是我自己的想法。我想像一幅畫面，
看到自己再度變成正常人，走出那家醫院。

在醫院我需要下功夫的，只有我的心。只要你有
心，就能讓事情回復原狀。

我被戴上人工呼吸器，他們說我永遠無法自己呼
吸，因為我的橫膈膜已經損壞了。但是有個小小
的聲音一直對我說：「深呼吸、深呼吸。」最
後，我不必再使用人工呼吸器了，他們無法解釋
我的狀況。我無法承受任何會令我偏移目標和願
景的事物來到我心中。

我設定一個目標，要在聖誕節的當天走出醫院；
而且，我做到了。我用自己的雙腳走出了醫院，
他們說這簡直是不可能的事，我永遠忘不了那一
天。

我要對螢光幕前現在正感到痛苦的朋友說，如果
我要對自己的生命，或對「人對生命能做些什
麼」做個總結的話，我會用這幾個字來做結論：
「人會成為他所想的樣子。」

莫里斯‧古德曼被稱為「奇蹟先生」，《祕密》挑選他的

故事，是因為很能說明「人心」不可測的力量，以及無限的潛能。莫里斯知道他內在的那股力量，能帶來他選擇去想的事物。一切都是可能的，莫里斯·古德曼的故事啟發了成千上萬的人去思考、想像、感覺他們回到健康的路途上。他把自己生命中最大的挑戰，轉變成最大的恩賜。

自從《祕密》影片發行後，我們就被奇蹟式的故事淹沒；各式各樣的疾病，在人們看完《祕密》的影片後，就從身體裡消失了。只要你相信，一切都是可能的。

有關健康這個主題，我要給你來自班·強生博士啟發人心的一段話：「我們現在正進入能量醫學的時代，宇宙中的一切事物都有一個頻率，你所要做的只是改變頻率，或者創造相反的頻率。要在這個世界改變任何事，就是這麼容易，不論它是疾病、情緒問題，或是其他事情。這是巨大無比的，是我們遇見過最大的一件事。」

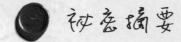 祕密摘要

- 「安慰劑效應」即是「吸引力法則」實際運作的例子。只要病人真的相信那個藥能夠治好病,就能接收到他們所相信的,並因此痊癒。

- 不管周遭發生什麼事,「想著我是健康無恙的」,是每個人都可在內心裡做的事。

- 笑,能引來喜悅、釋放消極心態,並促成奇蹟式的療癒。

- 身體的疾病是靠思想、對身體不適的觀察和注意力來支撐的。如果身體感到微恙,千萬別談論它——除非你想得到更多的不適。你若聆聽他人談論病痛,只會增加他們病痛的能量。相反地,把話題轉向美好的事物上,想著那個人的身體是健康安好的。

- 相信老化的觀念都存在我們的心裡。把這些思想從意識裡釋放掉,專注在健康和青春永駐上。

- 不要聽信社會上有關疾病和老化的說法。負面的訊息對你毫無用處。

世界的祕密

麗莎・妮可絲

人有種傾向,看到想要的事物就會說:「對,我喜歡那個、我要那個。」然而,看到不想要的事物時,也會以撲滅它、消除它、消滅它的想法,來給予它同樣的能量。我們的社會已經變得習慣從抗爭中獲得滿足——對抗癌症、貧窮、戰爭、毒品、恐怖主義和暴力等。我們很容易與不想要的事物抗爭,事實上卻製造了更多的抗爭。

海爾・多斯金
(教師、《塞多納術》作者)

任何事物,只要專注於它,我們就在創造它。因此,舉個例來說,如果我們對當前發生的戰爭、衝突或苦難感到非常氣惱,其實就是將自己的能量加諸其上;我們等於是在對自己施壓,而那只會產生抵抗。

「你所抵抗的，會持續存在。」

——榮格（心理學家，1875－1961）

包伯·道爾

所抵抗的東西會持續存在的理由是，如果你抗拒
某件事情，你就是在說：「不，我不要這件事，
因為它讓我產生現在這種感覺。」因此你是在發
出一種強烈的情緒：「我真的討厭這種感覺。」
於是這種感覺就開始向你飛奔而來。

想去抵抗任何事物，好比是想改變已經出現的畫面一樣，
是無濟於事的。你必須深入內在，用思想和感覺發出新的訊
號，來創造新的畫面。

當你去抗拒已經出現的東西，你就等於把更多的能量和力
量加諸在你不想要的畫面上，並以更猛烈的速度帶來更多你
抗拒的東西，於是那些事件或境況只會越變越大，因為這是
宇宙的法則。

傑克·坎菲爾

反戰運動製造了更多戰爭，反毒運動事實上產生
了更多的毒品，因為我們一直把焦點放在不要的
東西上！

麗莎・妮可絲

人們相信，如果要真正消除某樣事物，就必須把焦點放在它上面。我們把所有能量都給了那個問題，卻不把焦點放在信任、愛、富足的生活、教育或和平上，這樣做對嗎？

傑克・坎菲爾

德蕾莎修女真的很英明，她說：「我從不參加反戰的遊行，等到有倡導和平的遊行再找我吧。」她心裡知道，她了解這個祕密。看看她在這世界中顯現了什麼。

海爾・多斯金

因此，如果你想反戰的話，那麼就用支持和平取代之；如果你想反飢餓，那麼就去支持人人都有飯吃；如果你反對某個政治人物，那麼就去支持他的對手。在選舉裡，人民真正反對的人，通常越容易當選，因為他獲得了所有的能量和關注。

　　這世界的一切事物，都是由一個思想開始的。越大的事情會變得更大，是因為它發生之後，反而獲得更多人的關注。那些思想和情緒會讓那件事情持續存在，並使它變得更大。若將我們的心從中抽離，把焦點改放在愛上頭，它就無法存在了。它會消失無蹤。

「記住，這說法是最棒、但也是最難領會的。要記得，不論問題是什麼、發生在何處、是誰受到影響，唯一該改造的是你自己，唯一該做的事是去確信你渴望實現的目標。」

—— 查爾斯‧哈尼爾

傑克‧坎菲爾

去留意一下你不想要的東西是可以的，因為它能夠給你一種對照，讓你知道：「我就是要這個。」然而事實上，對你不想要的事物談論得越多、或者談論它有多糟糕、老是在讀相關的東西，然後說它有多慘——那麼，你就創造了更多這些東西。

專注在負面的事物上，是無法幫助這個世界的。當你專注在這個世界的負面事件上，你不僅僅會增加它們的能量，同時也會為你的生命帶來更多負面的事物。

當出現的畫面是你不想要的，就是在提示你應該改變想法、發出新的訊號了。縱使世界局勢是如此，你也是有影響力的。你擁有全部的力量。專注於所有人的喜悅、專注於食物的豐足，把最有力的思想放在想要的事物上。不論現在周遭發生什麼事，你都有能力透過發出愛和幸福的感覺，來對這世界做出貢獻。

詹姆士·雷

好幾次人們都跟我說：「詹姆士，我必須獲得資
訊呀。」或許你是該獲得資訊，但不需被資訊淹
沒。

在發現這個祕密之後，我就下定決心再也不看新聞和報
紙了，因為那不會讓我感覺美好。我們不能去責怪報紙和新
聞媒體散播壞消息。身為地球村的一分子，我們必須為此負
責。當戲劇性的大事件出現在頭版，報紙的銷售量就大增；
當全國或國際間發生了重大災難，新聞頻道的收視率就直線
攀升。報紙和新聞媒體會給我們更多壞消息，是因為就一個
社會來說，那就是我們自己想要的。我們是原因，媒體只是
結果。這只是一種吸引力法則的運作！

當我們發出新的訊號，並將焦點放在我們想要的事物上，
報紙和新聞媒體所傳遞的內容就會改變。

麥可·柏納德·貝奎斯

學著靜下來，把注意力從你不要的事物，以及所
有縈繞其中的情緒上移開；把注意力放在你期望
去體驗的事物上……能量會流向注意力之所在。

「真誠地思考，你的思想就能餵養世界的饑荒。」

──賀拉提烏斯·波納（蘇格蘭牧師，1808－1889）

　　你是否開始看見，單單你的存在，就對這個世界有著驚人的影響力？當你專注在讓你感覺愉快的美好事物上，你就是在為這世界帶來更多美好的事物；同時，你也為自己的生命帶來更多美好的事物。當你感覺到美好，你就提升了自己的生命，也鼓舞了這個世界！

　　這法則是個完美的運作。

約翰・迪馬提尼醫師

　　我常說，當內在的聲音與觀點變得比外在的意見更深刻、清晰、響亮時，你就主宰了自己的生命！

麗莎・妮可絲

　　你的職責不在改變世界或改變周遭的人。你的任務是，順應著宇宙之流，並在當中禮讚歡慶。

　　你是自己生命的主宰，宇宙回應你的一切所求。如果出現的是你不想要的畫面，千萬別被它迷惑住，負起責任來，盡你所能淡然處之，釋放它們。然後想著你想要的事物，成為你的新思想；去感覺它們、並感激它們已被完成。

豐饒的宇宙

喬·維泰利博士

我最常被問到的問題之一是：如果每個人都使用
這個祕密，都把宇宙當成型錄，那麼會不會發生
缺貨的情形？會不會人家都跑去擠兌而導致銀行
破產？

麥可·柏納德·貝奎斯

這祕密道理的美妙之處就在於——宇宙可以滿足
所有人，而且充足有餘。

在人們的心中，存在著像病毒般的謊言。這謊言
就是：「這世界的物資是不夠用的，會有匱乏、
極限。總之，就是不夠用。」這謊言使人們生活
在恐懼、貪婪和吝嗇之中。這恐懼、貪婪、吝嗇
和匱乏的思想，變成他們的生命經驗，於是這世
界的噩夢就開始了。

然而，事實的真相是——宇宙擁有的對人類來說
綽綽有餘。有充足有餘的創意、力量、愛與喜
悅，透過一顆察覺到自身無盡本質的心，這一切
就會開始到來。

　　「不夠」的想法，其實就是看著外在的畫面，認為一切都是來自於外在。當你這麼做時，你大部分看到的，一定都是匱乏和極限。你現在知道，一切都不是從外在進入實體，而是先從內在的想法和感覺開始。你的心，就是創造一切的力量，所以它怎麼可能會有任何匱乏呢？那是不可能的。你思考的能力是無限的，因此，隨著思想而能夠在實體中出現的事物，也是無限的，每一個人都是如此。當你真的知道了這一點，你的思維就是來自於一顆察覺到自身無盡本質的心。

詹姆士・雷

所有在這地球上走過的偉大導師們，都在告訴你
——生命本來就是富足的。

「這法則的菁華就是，你必須想著富足、看著富足、感覺富足，以及相信富足，不讓任何侷限性的思想進入到你的心中。」

——羅伯特・柯里爾

約翰・亞薩拉夫

因此，當我們認為資源逐漸變少時，我們就會找出可以達到相同效果的新資源。

貝里斯的石油團隊有個鼓舞人心的故事，可用來說明「心的力量」會帶來資源。貝里斯自然能源公司的董事們，都曾接受過傑出的「人性生理學訓練」專家東尼‧奎恩博士（Dr. Tony Quinn）的指導。藉由奎恩博士的心智力量訓練，董事們都有信心能夠達成心目中的畫面──讓貝里斯能順利地成為石油生產國家。他們大膽地在德國村一帶探勘石油，才短短一年的時間，夢想和願景都成為事實。其他五十個國家都找不到一滴石油，唯獨貝里斯自然能源公司發現了豐沛的石油，而且還是最高品質的。由於有一群相信自己「無限的心智力量」的優秀團隊，貝里斯成為一個石油生產國。

沒有什麼是有限的，不論是資源或其他任何事物；只有在人的心中，才是有限的。當我們打開心靈迎接無限的創造力，我們將會召喚富足，並且看見、體驗到一個全新世界。

約翰‧迪馬提尼醫師

縱使說我們有所匱乏，那也只是因為我們沒有打開眼界，看到周遭的一切。

喬‧維泰利博士

當人們開始依隨真心而活、追尋自己想要的事物時，他們追求的東西是不一樣的。這就是它的美。我們不會都想要BMW的車、不會都想要同

一個人、不會都想要同一種體驗、不會都想要同

一款衣服、不會都想要……（你自己說吧）。

你就在這個壯麗的星球上，被賦予這個神奇的力量，來
創造你自己的生命！你所能為自己創造的事物，是沒有限制
的，因為你的思考能力是無限的！但你無法為他人創造他們
的生活，你無法替他們思考。如果你把意見強加在他人的身
上，只會為**你**自己吸引來相同的後果。因此，讓其他人創造
他們自己想要的生活吧。

麥可・柏納德・貝奎斯

人人都能得到滿足。如果你相信它、如果你能看見
它、依著它來行動，它就會為你顯現。這是真的。

「如果有任何匱乏，或自己成了貧困或疾病的犧牲者，那是因
為你不相信、不了解力量就在你的手上，而不是宇宙給不給你
的問題。宇宙會提供一切給每一個人，毫不偏袒。」

——羅伯特・柯里爾

宇宙藉由吸引力法則，提供一切給所有的人。你有能力
去選擇你要體驗什麼，你想要讓自己和所有人都能獲得滿足

嗎？那麼就選擇它、並且去認知到「一切都充盈豐足」、「供給永遠無限」、「有許多的精彩美好」。我們每個人都有能力透過思想和感覺，向「無限又無形的供應者」汲取、並讓它在經驗裡顯現。所以，為**你**自己選擇吧；因為能做選擇的，只有你自己。

 ### 麗莎・妮可絲

> 你想要的一切——所有的喜悅、愛、富足、成功和幸福——都已經在那兒準備好，讓你隨時去拿。但你必須對它有所渴望、有企圖心，當你對想要的事物變得有企圖心並抱持熾烈的熱情，宇宙就會送來你想要的每樣東西。要認出你周遭美麗又美好的事物，並對它們表達祝福和讚美。另一方面，對眼前尚未盡如你意的事物，不要浪費力氣去挑毛病或抱怨。擁抱你想要的一切，如此才能得到更多。

麗莎對周遭事物表達「祝福和讚美」的睿智話語，真是金玉良言。祝福、讚美你生命中的一切！當你祝福和讚美時，你就處在愛的最高頻率上。在聖經中，希伯來人藉由祝福的行為，為他們帶來健康、財富和幸福，他們明白祝福的力量。對許多人來說，有人打噴嚏是他們唯一會去祝福的時候。因此，他們並沒有把這強大力量的好處發揮到極致。字典對「祝福」的定義是：「祈求神恩，賜予安康富貴。」所以從現在開始，就在生活中祈求祝福的力量，並為一切人

和事物祝福。讚美也是如此。因為你在讚美某人或某事的時候，你就在給予愛；當你發出那個美好的頻率，它會以百倍來回報你。

讚美與祝福能化解一切的負面性，所以去讚美、祝福你的仇敵吧。如果對你的仇敵下詛咒，這個詛咒將會回過頭來傷害你；如果用讚美和祝福對待他們，就會化解所有的負面性與不和諧，讚美與祝福的愛，也會回報到你身上。當你讚美、祝福的時候，你會感受到自己轉換到新的頻率——其回饋的就是美好的感覺。

 丹尼斯・維特利博士

過去大多數的領導者，都錯過了這祕密偉大的地方——分享給別人、使他人也擁有相同的能力。

此時，是歷史上最好的時代。人們第一次只需透過手指頭，就能擁有獲得知識的力量。

藉由這個知識，你會越來越理解到這世界的真相，以及你的本來面目。在這祕密中，我對於「世界」這個主題的最大洞見，是來自於羅伯特・柯里爾、普蘭特斯・馬福德、查爾斯・哈尼爾，以及麥可・柏納德・貝奎斯等人。有了這些理解，就能獲得完全的解脫，我真的希望你也能達到同樣解脫的境地。如果你能做到，那麼透過你的存在及你思想的力量，你將為這個世界及所有人類的未來帶來最偉大的美好。

祕密摘要

- 你會吸引你所抵抗的事物，因為你是用情緒有力地專注在這上面。要改變任何事物，就從內在開始，用你的思想和感覺來發出新的訊號。

- 專注在負面的事物上，是無法幫助這個世界的。當專注在這世界的負面事件時，你不只會增加它們的效應，也會把更多的負面事物帶進自己的生命裡。

- 不要把焦點放在這世界的問題上，把你的注意力和能量放在信任、愛、富足、教育，以及和平上。

- 美好的事物永遠也用不完，就算分配給每個人，還是綽綽有餘。生命本來就是豐足的。

- 你有能力透過思想和感覺，向「無限的供應者」汲取、並讓它在經驗裡顯現。

- 讚美、祝福這世界的一切，你將化解其負面性與不和諧，讓自己和最高的頻率「愛」一致。

$$\Gamma\left(\tfrac{1}{2}\right) = \sqrt{\pi}$$

你的秘密

約翰・海傑林博士

看看周遭、或是看著自己的身體，我們所看到的，都只是冰山一角罷了。

包伯・普克特

稍微想一下。看看你的手，它看起來好像是具體實在的，但其實不是。如果用適當的顯微鏡來觀察，你會看到一堆能量在振動。

約翰・亞薩拉夫

不論是你的手、海洋，還是一顆星星，萬物都是由相同的東西組成。

班・強生博士

萬物都是能量。讓我稍稍幫你解釋一下：首先是
宇宙、我們的銀河系、地球；然後是個人、人體
內的五臟六腑、細胞、分子、原子；最後是能
量。因此，我們可以思考的層面有很多，然而宇
宙中的一切全都是能量。

發現這個祕密後，我就想以這祕密的知識來看科學和物理
學上的認知；結果，我看到非常驚人的事實。這時代最令人
振奮的發現之一就是，量子物理學和新科學與這個祕密的道
理，以及歷史上所有偉大導師們所了解的道理，竟然都是完
全一致的。

我在學校從沒研究過科學或物理學，然而在閱讀複雜難懂
的量子物理書籍時，我卻可以完全了解，因為我想要了解它
們。量子物理學的研究，讓我對這個祕密的能量層次有了更
深入的了解。對許多人來說，看到這祕密的知識與新科學理
論之間完美的關連性，會增強他們的信心。

讓我解釋一下，為何你是宇宙中最強而有力的發射台。簡
單的說，所有能量都以某種頻率在振動著；身為能量之一，
你也會以一種頻率在振動著。不論哪個時刻，決定你頻率
的，就是你當時的想法和感覺。你想要的一切事物，都是由
能量組成的，它們也都在振動。一切都是能量。

讓人驚奇叫好的是：在想著你想要的事物時，你就會發
出一個頻率，並使該事物的能量依著那個頻率振動，然後把

它帶來給**你**！當專注在你想要的事物之上時，你就在改變那個事物的原子振動，並使它隨著**你**而振動。之所以說你是宇宙最強的發射台，是因為你被賦予利用思想來集中能量的力量，能改變你所專注的事物的振動頻率，然後將它吸引過來。

當你在想著、感覺著這些你想要的美好事物時，就等於立刻把自己調整到那個頻率，使這些事物的能量隨著你而振動，然後在你生命中出現。吸引力法則說「同類相吸」，你就是一個能量的磁鐵，因此你可以像電一般，讓所有事物隨著你而「活化」，而你也可以隨著你想要的事物來「活化」自己。人類主宰著自身的磁性能量，因為沒有人能替別人思考或感覺。創造我們頻率的，正是思想和感覺。

距今快一百年前，無需近百年來的科學發現幫助，查爾斯‧哈尼爾就已經知道宇宙是如何運作了。

「宇宙的心不只是智慧，同時也是本質。藉由吸引力法則，把電子聚集起來形成原子的那股吸引力量，就是這個本質。藉由同樣的法則，原子形成了分子，分子再成為客觀存在的形式。因此，我們發現這個法則，就是每一種表現形式背後的創造力——不只是原子的，而且是世界的、宇宙的，以及想像力所能構思的一切。」

——查爾斯‧哈尼爾

包伯・普克特

不管住在哪個城市，你的身體裡都有足夠點亮整
座城市接近一星期的潛在能量。

「意識到這股力量，就是變成一條『通上電流的電纜』。宇宙
就是充滿電流的電纜，它載有足夠的電力，可供應每一個個體
生命中每個情境的需要。當個體的心碰觸到宇宙的心，它就能
接收到宇宙的全部力量。」

——查爾斯・哈尼爾

詹姆士・雷

大多數人會用這個有限的身體來定位自己，但你
並不是個有限的身體。在顯微鏡下看，你是一個
能量場。我們對能量的理解是——若你去問量子
物理學家：「是什麼創造了世界？」他或她會
說：「能量。」好吧，那麼請描述一下能量。「
好的。它永遠無法被創造或破壞、它自古至今都
存在。曾存在的東西永遠都會存在，只不過是從
一種形式轉換到另一種形式而已。」若你去問神
學家：「是什麼創造了宇宙？」他或她會說：「
上帝。」好，描述一下上帝。「祂自古至今都存
在、無法被創造或破壞。一切曾存在的，都將永

遠存在；永遠只是從一種形式轉換到另一種形式
而已。」你瞧，它們的描述都一樣，只是用詞上
有所不同而已。

所以，如果你認為自己就是個到處跑的「臭皮
囊」，請再想一下吧。你是一種靈性的存在！你
是能量場，在一個更大的能量場中運作著。

我們是如何成為一種靈性的存在的？對我來說，這個問
題的答案，是這祕密的道理中最精彩的部分之一。你就是能
量，而能量是無法被創造或破壞的；能量只會改變形式。那
就是**你**！**你**的真實本質──**你**純粹的能量──一直都存在，
也將永遠存在。你永遠無法不存在。

在內心深處，你是知道這一點的。你能想像「不存在」的
樣子嗎？除了你在生命中所見過、經驗過的一切之外，你能
想像「不存在」嗎？你無法想像，因為那根本不可能。你是
永恆的能量。

宇宙的一心

 ### 約翰‧海傑林博士

宇宙基本上是起源於思想。我們周遭的一切事物，不過是「思想的凝結」——量子力學證實了它、量子宇宙論也證實了它。我們終究是宇宙的根源；當能直接透過經驗了解這個力量時，我們就能開始運用這個權力、達到更多成就、創造任何事物。要知道，我們自身意識領域內的一切，最終就是使宇宙運作的宇宙意識。

因此，依據我們如何使用這個力量——正面或負面地——就形成了身體的健康狀況，也創造了我們的環境。所以，我們才是創造者。我們不只是自己生命的創造者，最終也是創造宇宙命運的人。我們是宇宙的創造者。因此，真的，人類的潛能是無限的，端視你能否認知到這個深層的動力、並去發揮，以及駕馭自己力量的程度而定，這又和我們思想的層次有著很大的關係。

某些偉大的人物和導師描述的宇宙，與海傑林博士所說的相同。他們都說——一切的存在都是「宇宙的一心」（One Universal Mind），而這「一心」是無所不在的。它存在於一切事物中。這「一心」就是所有的聰明、智慧、圓滿；它就是一切、並在同一時間遍及各處。如果一切都是「宇宙的

一心」，而且存在於每一處，那麼它也全都在**你**心中！

　　讓我來幫助你了解這其中的意義。它意味著一切的可能性早已存在。未來的一切知識、發現、發明，都已經以「可能性」的形式，存在於宇宙的心中，等著人類的心靈去喚起。歷史上的一切創造和發明，也都是從宇宙的心中汲取而來，不論發明者自己是否有意識地明白這一點。

　　你如何喚起它呢？藉由你對它的察覺，並運用你驚人的想像力吧。尋找周遭等著被滿足的需求；想像一下，如果我們能有某個偉大的發明來做這個、做那個。尋找需求，然後想像、思考它們真的被滿足了。

　　你不需要把那發現或發明做出來，那至高的心靈掌握著那個可能性，你只需把心放在最終的結果上，想像需求被滿足了，它就能在現實中出現。當你請求、感覺、相信，你就會接收到。那等著你去汲取、喚起的創意，是源源不絕的。你的意識中即擁有一切。

「神聖的心，是唯一的實相。」

——查爾斯·費爾摩

 約翰·亞薩拉夫

　　我們都彼此連結著，只是我們看不見。「此」與

「彼」的劃分，其實並不存在。宇宙中的一切都
是互相連結的，是一個整體的能量場。

因此，不論你怎麼看，結果還是一樣的。我們是一體的，
我們都彼此互相連結，我們都是那唯一能量場——或唯一至
高心靈、一體意識或者同一創造源——的一部分。你怎麼稱
呼它都可以，但我們都是一體的。

如果用「我們都是一體」的觀點來思考吸引力法則，你將
會看到這法則的絕對完美性。

你會明白，為何對他人的負面想法，回過頭來受到傷害
的，還是只有你自己。因為我們是一體的！除非是你發出負
面的思想和感覺，把傷害召喚到真實世界，否則你是不會受
到傷害的。雖然你被賦予自由選擇的意志，然而，當你有
了負面的思想和感覺時，你就把自己與「一體全善」（the
One and All Good）分隔開來。思考一下，你會發現，每種
負面情緒都是基於恐懼，都源自於分離的思想、源自於自認
為與他人隔絕的想法。

「競爭」就是分離感的一個例子。首先，你的競爭思想是
起源於一個「匱乏」的心理狀態，認為「供應」是有限的。
你認為東西是不夠分給每個人的，因此我們必須競爭、奮戰
來獲得東西。跟別人競爭是絕對無法贏的——即使你認為自
己贏了。依據吸引力法則，當你在競爭的時候，你會吸引許
多的人和情境，出現在生活的每個層面與**你**競爭；而最後，
你會輸。我們都是一體的，因此當你競爭時，你就是在和**你**

自己競爭。你必須把「競爭」從心裡移除，讓心靈變得具有創造力。焦點只放在你的夢想和願景上，把所有的競爭都從生命方程式裡移除。

宇宙是全體的供給源、是萬物的供給者。一切事物都從宇宙裡來，並且藉由吸引力法則，透過人、事件、情境送來給你。把吸引力法則想成是「供給法則」吧，它是個能使你從無盡的供給源中汲取的法則。當你發出想要事物的完美頻率，完美的人、事件和情境就會被你吸引過來，並送到你的手中！

給予你渴望之物的，並不是人。如果你抱持錯誤的信念，你將體會到匱乏，因為你把外在的人和世界看成了供應源。真正的供應源是那看不見的領域——不論你稱它為宇宙、至高的心靈、上帝、無盡智慧，或其他任何稱呼。每當領受到任何東西，要記得，那是你藉由吸引力法則、藉由保持在那個頻率上，以及和宇宙供應源保持協調，而將它吸引過來的。無所不在的宇宙智慧會去移動人、事件、情境，把這些東西帶來給你，因為這就是法則。

 麗莎‧妮可絲

我們常常會因這個稱為「身體」或「自然的存有」的東西而分心。身體只是保存你靈魂的容器，你的靈魂大到可以充滿整個房間。你是永恆的生命，你是神以人的形式的顯現，天生完美。

麥可・柏納德・貝奎斯

根據聖經的說法，我們就是神的形像和模樣；可以說，我們是宇宙意識到自己的一種方式；也可說，我們是開啟一切可能性的無盡境界。這些說法都對。

「百分之九十九的你，是看不見、也摸不著的。」

——巴克明斯特・富勒（建築師，1895 – 1983）

你是住在肉體裡的神、你是肉身裡的靈魂；永恆的生命用**你**來展現它自己。你是宇宙的生命體、你是一切的力量；你是一切智慧、一切智能。你是完美的、你是莊嚴華麗的；你就是創造者，在這個星球創造**你**這個作品。

詹姆士・雷

每個傳統文化都說，你是依照「創造源」的形像和模樣而創造出來的。這意味著，你擁有神的潛能與力量來創造自己的世界。而你的確是如此。

或許你已經創造出你覺得美好、值得的事物，也許還沒有。我要請你去想的問題是：「你人生中的成果，是不是你真正想要的？還有，你覺得值

得嗎？」如果覺得不值得，那現在不正是改變的時候？因為你是有力量去改變它的。

「一切力量都來自內心，因此都在我們的掌握之下。」

—— 羅伯特·柯里爾

過去的你不是你

傑克·坎菲爾

許多人都覺得自己是人生的受害者，並且常常歸咎於過去的事件——或許是被父母虐待、或在不健全的家庭中長大。多數心理學家都相信，約有八成五的家庭都是不健全的。所以，你突然變得沒那麼特別了。

我的父母親都酗酒。父親虐待我、母親和他離婚時我才六歲……我要說的是，每個人或多或少都有類似的經歷。真正的問題是，你現在要做什麼？現在你的選擇是什麼？因為你可以繼續專注在過去，也可以專注在你想要的事物上。當人們

開始專注於他們想要的事物，他們不想要的部分就會褪去。他們想要的會擴張，不想要的則會消失。

「一個人若是一直想著人生的黑暗面，不斷地活在過去的不幸和失望之中，他就是在祈求未來有著相同的不幸和失望。如果你認為未來只有惡運，你就是在祈求它，當然就會得到惡運。」

——普蘭特斯‧馬福德

　　如果你回顧自己的生命，並把焦點放在過去的困境，只會為現在的自己帶來更多的困境。一切都讓它過去，不管它是什麼。為自己這麼做吧。如果你一直抱怨或責怪過去的某人或某事，你只是在傷害自己，你是唯一能創造自己「該有的生活」的人。當你刻意把焦點放在你想要的事物上，開始散發出美好的感覺時，吸引力法則就會予以回應。你只要開始去做；之後，你就能釋出魔法。

麗莎‧妮可絲

你是自己命運的設計師，你就是作者，你撰寫故事。筆在你手上，結局就是你所選擇的一切。

麥可‧柏納德‧貝奎斯

吸引力法則的美麗之處，就在於你可以從現在開始。你可以開始去想「真正的想法」、可以開始在內心營造出和諧與幸福的感覺氣氛，吸引力法則將會開始給予回應。

喬‧維泰利博士

所以現在你開始有了不同的信念，例如：「宇宙是充足有餘的」、「我沒變老，我越來越年輕」之類的信念。我們可以利用吸引力法則，創造出我們想要的樣子。

麥可‧柏納德‧貝奎斯

你可以從遺傳、文化習俗、社會信仰之中徹底解放出來，並從此永遠證實你內在的力量，比世界上其他力量都來得大。

弗萊德‧亞倫‧吳爾夫博士

你也許會想：「嗯，這很好，但我做不到。」或者「是她不讓我做！」或是「他絕不會讓我做那樣的事。」或是說：「我沒那麼多錢做那樣的事」、「我不夠堅強到能那樣做」、「我還不

夠富有到能做那件事」；或者「我不，我不，我不，我不……」。

　　每一個「我不」，都是創造！

　　當你在說「我不」的時候去察覺它，並去想想這樣會創造出什麼結果來，是個很棒的想法。吳爾夫博士所分享的這個有力洞見，同樣也被所有偉大導師們以「我是」這個語詞的力量所證明。當你說「我是……」的時候，其後所接的內容，就是用強大力量所召喚來的創造物，因為你正在宣布它成為事實。你很肯定地在陳述它，於是當你說完「我累了」、「我破產了」、「我病了」、「我遲到了」、「我過重了」、「我老了」之後，神燈巨人馬上就會說：「您的願望，就是我的命令。」

　　有了這個認知之後，如果能利用「我是」這個最有力量的語詞，來做最有益於你的事，不是很棒嗎？何不這樣想——我是在領受一切美好的事物；我是快樂的、我是富足的、我是健康的；我是愛、我總是很準時、我是永遠年輕的、我每一天都充滿了活力。

　　查爾斯‧哈尼爾在他的《萬能鑰匙系統》一書中，宣稱有一句肯定語，能包含人類所有的願望，還能為所有事物帶來和諧的條件。他補充說：「理由是，這句肯定語與真理完全一致；當真理出現，一切錯誤和不一致的形式必然會消失。」

　　這句肯定語就是：「我是完整、完美、強壯、有力量、充

滿愛、和諧又快樂的。」

　　如果這聽起來像是個費力的工作，好像需要把你想要的東西，從看不見的地方拉到看得見的地方，那麼就試試這個捷徑吧：把你想要的東西，看成是既存的事實；如此一來，你想要的事物就會以光速顯現出來。在你要求的當下，在宇宙的精神界———一切事物存在的領域———它就已經是事實了。當你在心中構思某件事物、若知道它是個事實，毫無疑問地它就會顯現出來。

「這個法則所能為你做的事，是沒有限度的。要勇敢地相信自己的理想，把它想成是已經完成的事實。」

——韋爾斯·哈尼爾

　　當亨利·福特要把他對汽車的願景帶到世界上的時候，四周的人都嘲笑他，認為他是瘋了才會追求這樣「荒唐」的願景。亨利·福特比那些嘲笑他的人更清楚，他了解這個祕密，也知道宇宙的法則。

「不論你認為自己做得到還是做不到，你都是對的。」

——亨利·福特(1863－1947)

你認為你做得到嗎？有了這個知識，你就可以達成、去做任何事。過去，你或許低估了自己有多出色，而現在，你知道自己就是那至高的心靈，能夠從唯一至高心靈那兒獲取任何你想要的事物——任何發明、靈感、解答、事物。你可以做任何自己想做的事，你是無法形容的天才。所以開始這麼告訴自己，並去覺察真實的自己。

麥可・柏納德・貝奎斯

這會有界限嗎？當然沒有。我們是不受限制的存在，沒有最高的限制。這個地球上的每個人，其內在的能力、才能、天賦和力量，是完全無限的。

注意你的思想

你的一切力量，就存在於對這股力量的覺察中，並透過在意識中保有這股力量而存在。

你如果放任你的心，它就會像失去控制的蒸汽火車一樣，把你帶到過去的思想，然後再把你帶到未來的思想——藉著把過去的不如意事件投射到未來。這些失控的思想，也是在創造。當你有所覺察的時候，你就是處於當下，並且知道自己在想什麼。獲得對自己思想的控制，就是你一切力量之所在。

因此，要如何變得更有覺察力呢？有個方法是停下來問問自己：「現在我在想什麼？我現在感覺如何？」當你這樣問自己的時候，你就是在覺察的狀態，因為你已經把心帶回到當下。

每當你想到它，就把自己帶回到當下的覺察上。每天做個幾百回，因為——要記得——你的一切力量，就在於自己對這股力量的覺察。麥可・柏納德・貝奎斯把對這股力量的覺察做了總結，他說：「要記得去記住！」這句話，成了我生命中的主題曲。

為了幫助自己變得更有覺察力，讓我能夠記得去記住，我請求宇宙：每當我的心被取代、或是把我當傻瓜在那邊「開派對」，請給我一個溫和的提醒，把我帶回到當下來。這

溫和的提醒，可能是無意中自己去撞到、東西掉下去、巨大
的聲響、警報或警鈴聲響起。這些對我來說都是一種信號，
提醒我心不在焉了，必須把心帶回到當下來。當收到這些信
號時，我會立刻停下來，問自己：「我在想什麼？我感覺怎
樣？我有覺察力嗎？」當然，我這麼做的時候，就是有覺察
力的。在你問自己是否覺察的當下，你就在那裡了。你是有
覺察力的。

「力量的真正祕密，就是去意識到力量的存在。」

——查爾斯·哈尼爾

　　當你覺察到這個祕密的力量，並開始去使用它，你的一切
疑問都會得到解答。當你開始對吸引力法則有更深一層的了
解時，你就可以把提問變成一種習慣，然後你會得到每個問
題的解答。要達到這個目的，你可以從使用本書開始。假若
你在尋找生命中某件事的答案或指引，那就先提出問題、相
信你能得到答案，然後隨意翻開本書；你打開書頁的地方，
就會有你正在尋找的答案或指引。

　　事實上，一生中，宇宙一直都在回答你的疑問；然而除非
你是有覺察力的，否則則無法接收到答案。留意周遭的一切事
物，因為生活中的時時刻刻，你都在接收問題的答案。答案

出現的管道是沒有限制的；它們可能會以引起你注意的報紙頭條、無意中聽到別人的話、廣播中的一首歌、路過卡車上的招牌、突然獲得的靈感等方式，來傳達給你。要記得去記住，並且要有覺察力！

我在自己和他人的生命中發現，我們都不認為自己好，或不夠全然地愛自己。不愛自己，會讓我們遠離我們想要的事物；不愛自己的時候，其實我們是把這些事物從自己身邊推開。

我們想要的一切——不論它是什麼——都是由愛引發的。擁有這些——青春、財富、完美的伴侶、工作、身體或健康——就是要去體驗愛的感覺。要吸引我們所喜愛的事物，我們就必須傳送愛，然後這些事物就會立刻出現。

重點是，要傳送愛的最高頻率，你必須先愛自己；而這對許多人來說，可能是很困難的。如果你把焦點放在外在及眼前所看到的東西，你可能會絆倒自己；因為你現在所看到、感覺到的自己，是你過去的習慣性思想的結果。

要全然地愛自己，就必須把焦點放在你的新次元（dimension）上；必須專注在你內在的「臨在」（presence）上。靜靜地坐一會兒，焦點放在感受你內心那個生命的臨在。當你專注在內心的臨在，它就會開始顯現在你面前。它是一種純然的愛和幸福的感覺，是一種完美狀態。臨在就是你的完美狀態；臨在就是真實的你。當你專注在那個臨在上，去感覺、去愛、去讚美那個臨在，你就會全然地愛自己——很可

能是你有生以來的第一次。

　　每當你用批評的眼光看待自己時，立刻把焦點轉換到內心的臨在上，它會在**你**面前展露它的完美性。如此一來，你生命中已經顯現的不完美，將會消失無蹤；因為不完美無法在這個臨在的光芒下存在。不論是要重獲完美的視力、消除疾病、恢復健康、轉貧為富、返老還童或杜絕任何負面性，就把焦點放在你內心的臨在上，去愛它，然後完美就會顯現出來。

「絕對的真相是：『我』是完美、完整的。真實的『我』是屬靈的，因此不可能不完美；它永遠不會有匱乏、限制或疾病。」

——查爾斯‧哈尼爾

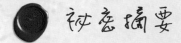 祕意摘要

- 一切都是能量。你就是一個能量的磁鐵,因此你可以像電一般,讓所有的事物隨著你而「活化」,而你也可以隨著你想要的事物來「活化」自己。

- 你是一種靈性的存在。你就是能量,而能量是無法被創造或破壞的——它只會改變形式。因此,你的純粹本質一直都在,也將永遠都在。

- 宇宙起源於思想。我們不只是自身命運的創造者,同時也是宇宙的創造者。

- 有無盡的思想可以供你利用。一切的知識、發現、發明,都已經以「可能性」的形式存在於宇宙的心中,等著人類的心靈去喚起。你的意識中即擁有一切。

- 我們都互相連結,我們是一體的。

- 忘掉你過去的困苦、文化習俗及社會信仰。你是唯一能創造自己「該有的生活」的人。

- 讓你的渴望顯現的捷徑是——把你想要的,看作是既成的事實。

- 你的力量就在你的思想裡,因此要保持覺察力。換句話說,要「記得去記住」。

生命的祕密

尼爾・唐納・沃許
（作家、國際級演說家、《與神對話》系列作者）

天上並沒有一塊黑板讓上帝寫上你的人生目的和任務。天上並沒有一塊黑板寫著：「尼爾・唐納・沃許，一個英俊的人，活在二十世紀初期，他……」然後是一個空格。如果要真正明白我要在這兒做什麼，以及為何我會在這兒，我就必須去找出那塊黑板，看看上帝心裡對我真正的想法。然而，這塊黑板並不存在。

所以，你的人生目的，你說了算；生命的任務，由你自己來賦予。你的生命，將會是你自己創造的樣子。沒有人會對它做出審判，永遠不會。

你必須把你想要的一切，填寫在你生命的黑板上。如果你填寫的是過去的包袱，那就把它們擦乾淨吧。把過去對你毫無用處的一切都擦掉，並感謝它們把你帶到現在這個地方、

191

讓你有全新的開始。現在你有了乾淨的板子，你可以重新開
始——就在此時此地。找出你的喜悅，並好好地生活！

傑克・坎菲爾

我花了很多年才了解到這一點。因為我一直在這
樣的想法下長大——有些事是我應該做的，如果
我沒做的話，上帝會不高興。

當我真正了解到，生命的首要目的就是去感覺、體
驗喜悅之後，我就只做那些會帶給我喜悅的事。我
有一句名言：「如果不好玩，那就別去做！」

尼爾・唐納・沃許

它就是喜悅、愛、自由、幸福、歡笑。如果坐著
靜心一個鐘頭你會感到喜悅，天啊，那就去做
吧！如果吃個義大利香腸三明治你會感到快樂，
那就去做吧！

傑克・坎菲爾

摸我的貓咪時，我會感到喜悅；走入大自然時，
我會感到喜悅。因此，我要持續地讓自己處在那
種喜悅的狀態。然後，我只需去企求我想要的事

物，這些事物就會出現。

　　做那些你喜愛、能夠帶給你喜悅的事。如果不知道哪些事會帶給你喜悅，就問：「我的喜悅是什麼？」當你找到，並對這個答案、對這喜悅做出承諾，吸引力法則將會大量傾洩出你喜悅的人、事、物、情境和機會到你的生命中，因為你散發出來的就是喜悅。

約翰·海傑林博士

因此，內在的喜悅其實就是成功的燃料。

　　現在就快樂起來吧，現在就去感覺美好。這是你唯一該做的事。如果你讀這本書只了解到這一點，那你就已經得到這個祕密中最重要的部分了。

約翰·葛瑞博士

任何讓你感覺美好的東西，總是會為你引來更多美好。

你現在正在讀這本書，就是你把它引進生命裡的。如果讀了之後感覺很棒，那你可以選擇要不要去接受、利用它。如果讀了之後感覺不好，那就放下它，去找些能使你內心產生共鳴、又能讓你感覺美好的事。

這祕密的知識，現在已經給了你；至於你要怎麼用它，完全掌握在你的手上。不論為**你**自己選擇了什麼，都是對的。不論要選擇使用它、還是不使用它，你都必須做出選擇。你有選擇的自由。

「追隨你的幸福吧，宇宙會在四面都是牆的密室中為你打開一扇門。」

——約瑟夫・坎伯

麗莎・妮可絲

當你追隨自己的幸福，就是活在喜悅的連續空間裡，是在向宇宙的豐足敞開自我，你會很興奮地與你所愛的人分享你的生命。你感到興奮的事、你的熱情和幸福，都會變得有感染力。

喬・維泰利博士

這正是我一直都在做的——追隨令我興奮的事、我的熱情、熱忱——我一整天都這麼做。

包伯‧普克特

享受生命吧，因為生命是不平凡的！它是一趟精彩的旅程。

瑪莉‧戴蒙

你會活在不一樣的現實中，過著不同的生活。人們會看著你，問：「你到底做了什麼和我們不一樣的事？」唯一不同的就是——你在生活中運用這個祕密。

莫里斯‧古德曼

然後你就可以去做、擁有或成為過去人們曾說你不可能去做、擁有的事或成為的人。

弗萊德‧亞倫‧吳爾夫博士

事實上，我們已經進入了一個嶄新的時代，其邊境已經不再是《星艦迷航記》中所說的外太空，而將會是人的「心」。

約翰‧海傑林博士

我看到一個具有無限潛能、無限可能性的未來。
要記住，目前人類頂多只用到百分之五的心智潛
能，而人類的所有潛能都是適當教育下的結果。
因此想像一下，當人們發揮全部的精神和情感潛
能時的世界吧。我們能到達任何地方、能做任何
事情。一切都能達成。

在我們這顆美麗的星球上，此刻是歷史上最令人振奮的
時代。我們將在人類所努力的每個領域和層面，看到、並且
體驗到「把不可能變為可能」。當我們捨棄一切侷限性的想
法，了解到我們是不受侷限的，就會體驗到人類藉由運動、
健康、藝術、科技、科學，以及每個創造領域裡所表現的無
限精彩。

包伯‧普克特

一切的宗教典籍、偉大的哲學書、偉大的領導
者，以及所有歷史上出現過的人物，都這麼跟我

們說：「用你渴望的美善來看待自己。」回去研
究這些有智慧的人，他們許多人都已經在本書中
出現。他們全都了解一件事，他們了解這個祕
密。現在你也了解了。越去運用它，你就會越了
解它。

　　這祕密就在你的內心。越去使用你內在的力量，你就會
引出更多的力量。你將會到達一個無需再練習的境界；因為
你將成為那個力量、圓滿、智慧、智能；你就是愛、就是喜
悅。

 麗莎・妮可絲

你走到生命中這個重要的關頭，只因為你心中某
個東西不斷在說：「你本來就該是快樂的。」你
天生就是要來增添某些東西、為這世界增加價
值。你只需比昨天的你更成功、更好。

你所經歷過的每一件事、所過的每分每秒，都是
為當下的此刻做準備。想像一下，從今以後，你
可以利用現在所知的一切做些什麼。你現在知道
你是自己命運的創造者，因此你可以做的還有什
麼？你可以成為的還有什麼？單單藉由你的存
在，你還可以去祝福多少人？當下你要做什麼？
你要如何把握當下？除了你，沒有人能跳你的舞
步、沒有人能唱你的旋律、沒有人能寫你的故
事。你是誰、你做什麼，就是從現在開始！

麥可·柏納德·貝奎斯

我相信你是偉大的，有某些精彩的部分。別去管
你生命中曾經發生過什麼事、別去管自己有多年
輕或多老，只要你開始好好地去想，你內在的這
個東西、這股力量，是比世上任何事物都更強大
的；然後，它就會開始出現。如果你願意的話，
它將會接管你的人生；它會給你吃的、穿的；它
會引導你、保護你、指導你、維持你這個生命。
這就是我現在所確知的。

　　地球為**你**而轉動、海洋為**你**潮漲潮退、鳥兒為**你**歌唱、
太陽為**你**朝昇暮落、星星也是為了**你**而出現。你所看到的一
切美麗事物、所體驗到的一切美妙經驗，都是為了**你**而存在
的。看看周遭的一切，沒有**你**，它們沒有一個能存在。不論
過去你認為自己是誰，現在，你知道真正的自己的真相了。
你是宇宙的主宰、你是王國的繼承者、你是生命的圓滿。現
在，你知道這祕密了。

　　願喜悅與你同在！

「祕密就是過去、現在和未來的一切解答。」

──蘭妮王

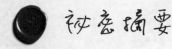 秘密摘要

- 你必須把你想要的一切，填寫在你生命的黑板上。

- 你唯一需要做的事是——現在就去感覺美好。

- 越去使用你的內在力量，就會引出更多的力量。

- 現在就是擁抱你的精彩的時候。

- 我們處在一個輝煌的時代。當我們捨棄侷限性的想法，我們將在每個創造領域，體驗到人類的真正精彩。

- 做你喜愛的事。如果不知道哪些事會帶給你喜悅，就問：「我的喜悅是什麼？」當你對喜悅做出承諾，你就會吸引大量的快樂事物；因為你散發出來的，就是喜悅。

- 現在你已經學會了這個祕密的知識，要用它來做什麼由你決定；不論你選擇什麼都是對的。這力量全部是你的。

書中人物小傳

約翰・亞薩拉夫
（John Assaraf）

　　亞薩拉夫曾經是街頭混混，現在是國
際級的暢銷書作家、講師、企業顧問，
幫助企業家創造更多財富、並過著不平
凡的生活。過去二十五年來，他一直致力於人腦、量子物理學
與商場策略的研究，因為這些都與事業及生活上的成功有關。
他藉由所學，白手起家成立了四家價值千萬的公司；現在則與
全世界的企業人士及小企業主，分享他自己獨到的創業及生財
觀念。詳細資訊請上網：www.onecoach.com。

麥可・柏納德・貝奎斯
（Michael Bernard Beckwith）

　　貝奎斯博士這位中立的跨宗教先進，
在一九八六年成立了「大愛國際靈性
中心」（Agape International Spiritual
Center），擁有當地一萬名會員，以及世界上數以萬計的友人

和組織成員。他並協同國際上的靈性傑出人士——如達賴喇嘛、莎佛陀耶（Sarvodaya）社會運動的創立者阿里耶拉涅博士（Dr. A. T. Ariyaratne）、聖雄甘地之孫阿朗・甘地（Arun Gandhi）等人——一同為這世界奉獻。同時他也是「全球新思想聯盟」（the Association for Global New Thought）的創建成員之一，該組織的年度會議聚集了頂尖的科學家、經濟學家、藝術家，以及靈性導師們，共同指引人類發展最高潛能。

貝奎斯博士教導靜心及「祈禱技術」，並帶領閉關、會議演說及座談等。他是「生命觀想法」的創始人，同時也是《心的啟發》（*Inspirations of the Heart*）、《靈宴心齋四十日》（*40 Day Mind Fast Soul Feast*）、《和平宣言》（*A Manifesto of Peace*）等書的作者。詳細資訊請上網：www.Agapelive.com。

吉納維夫・白漢德

（Genevieve Behrend, 1881-1960）

白漢德女士師從偉大的特洛華德（Judge Thomas Troward）——《精神科學》（*Mental Science*）一書的作者、早期的靈魂玄學導師之一。白漢德女士是特洛華德所挑選的唯一門生，她稟承師志，繼續在北美教學、演說並實踐「精神科學」長達三十五年，寫下《你的無形力量》（*Your Invisible Power*）及《圓滿內心的渴望》（*Attaining Your Heart's Desire*）兩部名著。

李‧布勞爾
（Lee Brower）

　　布勞爾是Empowered Wealth國際顧問公司的創辦人兼執行長，該機構提供企業、基金會、家庭及個人一整套系統和解決方案，以改進他們的核心價值、經驗、貢獻及財務資產等。同時他也是「象限生活」（Quadrant Living Experience）和LLC公司──給予全球「象限生活」顧問群訓練及認證──的創辦人。他是《布勞爾象限》（*The Brower Quadrant*）的作者，並與人合寫《增富與保富》（*Wealth Enhancement and Preservation*）一書。他所屬的兩個網站分別是：www.empoweredwealth.com 及 www.quadrantliving.com。

傑克‧坎菲爾
（Jack Canfield）

　　《成功原則》（*The Success Principles™*）的作者。他也是目前印行超過一億冊、曾位居《紐約時報》暢銷書排行榜榜首的《心靈雞湯》系列共同創作人。他是美國為企業人士、公司領導人、經理人、專業銷售人員、員工及教育者創造成功突破方面的頂尖專家，曾幫助數萬人達成他們的夢想。欲知傑克‧坎菲爾詳細資訊請上網：www.jackcanfield.com。

羅伯特・柯里爾
（Robert Collier, 1885-1950）

　　柯里爾是一位在美國相當成功的多產作家。他的所有作品，包括《史上的祕密》（*The Secret of the Ages*）和《探囊取富》（*Riches within Your Reach*）等書，都奠基於他自己在玄祕學上的廣泛研究，以及他個人對「人人皆可輕鬆又正當地獲得成功、幸福和富足」的信念上。承蒙「羅伯特・柯里爾出版社」慷慨同意，讓本書引用柯里爾《史上的祕密》七冊叢書的部分內容。

約翰・迪馬提尼醫師
（Dr. John F. Demartini）

　　曾經被認為是學習障礙者的迪馬提尼醫師，現在是一名醫師、哲學家、作家及國際級演說家。他曾經經營一家成功的脊療診所多年，還被譽為年度最佳脊療師。迪馬提尼醫師現在從事健康專業諮詢，以及有關治療與哲學方面的寫作和演講。他的「個人蛻變法」已經幫助成千上萬的人，在他們的生活中找到更好的安排和幸福。其網址是：www.drdemartini.com。

瑪莉・戴蒙
（Marie Diamond）

　　戴蒙女士是國際知名的風水師，年輕時就被授予風水的知識，並實踐淬煉其

所學二十餘年。她指導過多位名人，包括好萊塢明星、電影大導演和製作人、音樂天王及諸多知名作家。她幫助了許多知名的公眾人物，在他們生活的每個層面創造更多的成功。她創設了「戴蒙風水」、「戴蒙探源」及「內在風水課程」，以幫助個人把吸引力法則與生活環境相連結。其網址是：www.mariediamond.com。

麥克・杜利
（Mike Dooley）

　　麥克並不是把教學和演說當作「職業」的人；相反的，那只是他的「生活探險」之一。他並且成功地悠遊在公司及企業的競技場上，在世界各地的普華顧問公司（Price Waterhouse）工作結束之後，一九八九年他與人合作成立了「全新創意公司」（Totally Unique Thoughts, TUT），批發及零售公司的創意產品。該公司腳踏實地地從區域性的連鎖店開始成長，接著進駐美國每一家大型百貨公司，並藉由日本、沙烏地阿拉伯、瑞士等地的配銷中心，服務全球的客戶，售出超過一百萬件「全新創意T恤」（Totally Unique T-shirts®）。

　　在二〇〇〇年，他將公司轉型為以網路為主的創意靈感及哲學性的探險家俱樂部，現今已擁有來自超過一百六十九個國家的六萬多名會員。他也是許多書的作者，包括一套三冊的《來自宇宙的訊息》（*Notes from the Universe*），以及在國際上受到肯定的有聲課程《無限可能──夢想生活的藝術》（*Infinite Possibilities: The Art of Living Your Dreams*）。詳細資訊請上網：www.tut.com。

包伯・道爾
（Bob Doyle）

　　道爾是「超理性財富課程」——有關
吸引力法則和其實際應用的多媒體課程
——的創辦人及倡導者，他專注於吸引
力法則科學，幫助大眾能在生活更有目標地活化這個法則，以
吸引財富、成功、美好的關係及其他一切渴望。詳細資訊請上
網：www.wealthbeyondreason.com。

海爾・多斯金
（Hale Dwoskin）

　　《紐約時報》暢銷書《塞多納術》（
The Sedona Method）作者。多斯金致力
於解放人們侷限的信念，幫助他們完成內
心的渴求。「塞多納術」是解除受限與痛苦的感受、信念和態
度的一種獨特又強效的技巧；他教授這些原理給全世界的企業
及個人已長達三十年的時間。詳細資訊請上網：www.sedona.
com。

莫里斯・古德曼
（Morris Goodman）

　　人稱「奇蹟先生」。古德曼從飛機失
事的嚴重傷勢中復元一事，在一九八一
年成了熱門頭條。當初他被斷定一生永
遠無法再走路、說話或身體正常運作；如今他卻旅行世界各

地，用他神奇的故事來感化、激勵成千上萬的人。他的夫人凱
西・古德曼也在《祕密》影片中出現，告訴大家她本身自我療
癒的感人故事。詳細資訊請上網：www.themiracleman.org。

約翰・葛瑞博士
（Dr. John Gray）

　　葛瑞是《男人來自火星，女人來自金
星》（*Men Are from Mars, Women Are
from Venus*）一書的作者，該書是過去十
年來最暢銷的兩性關係書籍，銷售超過三千萬本。他也寫了另
外十四本暢銷書，並為成千上萬人舉辦許多研討會。他的焦點
是放在幫助男女了解、尊重、欣賞彼此的差異性，不論在個人
或職場上。他的新書是《男女大不同健康對策》（*The Mars
and Venus Diet and Exercise Solution*）。詳細資訊請上網：
www.marsvenus.com。

查爾斯・哈尼爾
（Charles Haanel, 1866-1949）

　　哈尼爾是成功的美國商人，同時也寫
了許多著作，內容都是關於他個人在生命
中獲得偉大成就所運用的觀念和方法。他
最有名的作品是《萬能鑰匙系統》，書中傳授獲得偉大成就的
二十四週課程；這本書自一九一二年首次出版至今，仍廣受歡
迎。

約翰‧海傑林博士
（Dr. John Hagelin）

　　知名的量子物理學家、教育家及公共政策專家。著作《完美政府手冊》（*Manual for a Perfect Government*）說明如何解決重要的社會和環境問題，以及如何以符合自然法則的政策來創造世界和平。曾獲頒給對社會有重大貢獻的科學家的「克爾比獎」（Kilby Award）。他也是二○○○年美國自然法則黨（Natural Law Party）的總統候選人，被認為是當今世上最偉大的科學家之一。他的網站是：www.hagelin.org。

比爾‧哈利斯
（Bill Harris）

　　職業演說家、教師及商人。在涉獵古今有關人心本質及其轉變技巧的研究之後，他創造了「共振音樂」（Holo-sync）有聲科技，讓人們能獲得深層靜心的好處。他所經營的「中心點研究學院」（Centerpointe Research Institute）已經使全世界成千上萬的人邁向更幸福、無壓力的生活。詳細資訊請上網：www.centerpointe.com。

班‧強生博士
（Dr. Ben Johnson）

　　原本受西方醫學訓練，因採用非正統療法治癒了威脅生命的疾病，而對能量

療法產生興趣；尤其熱中於亞歷克斯・洛伊德（Alex Lloyd）博士所發現的「治療密碼」（The Healing Codes）。目前與洛伊德一起經營「治療密碼公司」。詳細資訊請上網：www.healingcodes.com。

羅洛・朗梅爾
（Loral Langemeier）

　　朗梅爾女士是「活出精彩」（Live Out Loud）公司創辦人，該機構提供幫助人們達成財務目標的教育及支持。她相信「心態」是建立財富的鑰匙，並已幫助許多人成為百萬富翁。她針對企業及個人做演講，傳授其知識和專業。她的網站是：www.liveoutloud.com。

普蘭特斯・馬福德
（Prentice Mulford, 1834-1891）

　　馬福德是「新思想運動」最早期的創始者和作家之一，一生大多過著隱居的生活。他的作品影響了無數作家和教師，內容論及精神與靈性的法則。作品包括《思想即物質》（*Thoughts Are Things*）及散文集《白十字圖書館》（*The White Cross Library*）。

麗莎・妮可絲
（Lisa Nichols）

　　妮可絲女士是深具影響力的「個人啟能」倡導者，她也是「激勵大眾」及「激勵青少年心靈」課程的創始者兼執行長；這兩個涵蓋廣泛技巧的課程，能幫助青少年、女性朋友、企業人士在生活中帶來深刻的改變，並為教育體系、公司客戶、啟能組織及信仰課程提供相關服務。她也是全球暢銷書系列《心靈雞湯──獻給美籍非裔人士》（*Chicken Soup for the African American Soul*）一書的共同作者。她的網站是：www.lisa-nichols.com。

包伯・普克特
（Bob Proctor）

　　普克特的智慧來自偉大的傳承。由安德魯・卡內基（Andrew Carnegie）傳給拿破崙・希爾（Napoleon Hill）開始；希爾再傳授給奈丁格爾爵士（Earl Nightingale）；然後奈丁格爾爵士再把這智慧的火炬傳給普克特。他從事心智潛能領域的工作已經超過四十年，旅行全世界傳授這個祕密，以幫助公司及個人透過吸引力法則，創造成功、富足的生活。他也是全球暢銷書《天生富裕》（*You Were Born Rich*）的作者。詳細資訊請上網：www.bobproctor.com。

詹姆士・雷
（James Arthur Ray）

「真實財富與成功」原則的終生學習者。他發展了一套「成功與和諧財富科學」（The Science of Success and Harmonic Wealth®），教導人們如何領受各個領域的無限成果：包括財務、關係、智識、身體和心靈。全球都有人採用他的個人表現法、公司訓練課程及教練輔助。他針對真實的富裕、成功、人類潛能等主題做定期的演講，而他本身也是東方、原住民及神祕傳說的專家。詳細資訊請上網：www.jamesray.com。

大衛・希爾莫
（David Schirmer）

希爾莫是相當成功的股票交易人、投資人、投資訓練師，也主持研討、座談和課程。他的「優勢交易」（Trading Edge）公司，教導人們如何藉由發展有助於獲得財富的心態來創造無限所得。他對澳洲及海外股票、商品市場的準確分析，非常受到肯定。詳細資訊請上網：www.tradingedge.com.au。

瑪爾西・許莫芙
（Marci Shimoff）

許莫芙女士是《心靈雞湯——關於女人》、《心靈雞湯——獻給母親》等超級暢銷書的作者之一。她是生命轉化帶領

者，熱中於講授個人發展與幸福的主題，她的工作特別著重在
豐富女性的生活。她也是「尊重團隊」（The Esteem Group）
公司的共同創辦人和董事，該機構提供女性自我尊重和激勵的
課程。她的網址是：www.marcishimoff.com。

喬‧維泰利博士
（Dr. Joe Vitale）

　　二十年前他還是個無家可歸的人，現在
則被公認為全球頂尖的行銷專家之一。他
寫了許多有關成功與富裕原則的書：《我
夢想，因為我不絕望》（*Life's Missing Instruction Manual*）、
《催眠行銷》（*Hypnotic Writing*）、《相信就可以做到》（*The
Attractor Factor*）等，都是最暢銷的書。他擁有形而上學的博
士學位，並且是有執照的催眠治療師、玄學家、神職人員及氣
功治療師。詳細資訊請上網：www.mrfire.com。

丹尼斯‧維特利博士
（Dr. Denis Waitley）

　　維特利博士是美國最受尊崇的作家、
講師及人類高成就表現的顧問之一。他受
聘到美國太空總署訓練太空人，之後，也
用同樣的計畫方法訓練奧林匹克選手。他的有聲專輯《勝利心
理學》（*The Psychology of Winning*）一直是自我學習類的
暢銷課程，他也是十五本非文學類書籍的作家，其中包括數本
全球暢銷書。他的網址是：www.waitley.com。

尼爾‧唐納‧沃許

（Neale Donald Walsch）

當今的靈性訊息傳遞者，同時也是破天荒的暢銷書《與神對話》（*Conversations with God*）三部曲系列的作者，該系列打破《紐約時報》暢銷書排行所有的紀錄。他出版了二十四本書，並發行影音及有聲課程。他旅行全世界傳播嶄新的靈性訊息。欲與他聯繫，請上網：www.nealedonaldwalsch.com。

華勒思‧華特斯

（Wallace Wattles, 1860-1911）

出生於美國的華特斯，在多年研究各種宗教和哲學後，開始寫下有關「新思想」原則實踐的著作。他的許多書，深深影響了當代成功學的教師，其中最著名的作品是成功學經典《致富的科學》（*The Science of Getting Rich*），該書在一九一〇年出版。

弗萊德‧亞倫‧吳爾夫博士

（Dr. Fred Alan Wolf）

吳爾夫博士是一名物理學家、作家、講師，擁有理論物理學博士學位。他在世界各大學教書；其有關量子物理學及意識的著作，也非常為人所熟悉。他著有十二本書，其中《量子跳

躍》（*Taking the Quantum Leap*）曾獲國家圖書獎。現在，
吳爾夫博士仍在全球各地寫作和講學，並實行他對量子物理學
和意識之間關係的有趣研究。

他的網址是：www.fredalanwolf.com。

願這祕密帶給你一生
愛和喜悅

這就是我想要給你的
也獻給這個世界

想體驗更多，請上網：www.thesecret.tv

國家圖書館出版品預行編目資料

The Secret 祕密／朗達‧拜恩（Rhonda Byrne）著；
謝明憲 譯. -- 初版. -- 臺北市：
方智，2007〔民96〕
216面；14.8×20.8公分. -- （方智叢書；148）

ISBN 978-986-175-067-5（平裝）

1. 成功法　2. 自我實現（心理學）

177.2　　　　　　　　　　　96006856

http://www.booklife.com.tw　　reader@mail.eurasian.com.tw

方智叢書 148

The Secret 祕密

作　　者／朗達‧拜恩（Rhonda Byrne）
譯　　者／謝明憲
發 行 人／簡志忠
出 版 者／方智出版社股份有限公司
地　　址／台北市南京東路四段50號6F之1
電　　話／（02）2579-6600‧2579-8800‧2570-3939
傳　　真／（02）2579-0338‧2577-3220‧2570-3636
郵撥帳號／13633081　方智出版社股份有限公司
總 編 輯／陳秋月　　資深主編／賴良珠
責任編輯／黃暐勝　　美術編輯／金益健
行銷企畫／吳幸芳、陳羽珊、王馣鈞
印務統籌／林永潔　　監　　印／高榮祥
校　　對／林慈敏　　排　　版／杜易蓉
總 經 銷／叩應股份有限公司
法律顧問／圓神出版事業機構法律顧問　蕭雄淋律師
印　　刷／龍岡數位文化公司
2007年7月　初版
2024年7月　367刷

定價 250 元　　　　　　ISBN 978-986-175-067-5　　

◎本書如有缺頁、破損、裝訂錯誤，請寄回本公司調換　　Printed in Taiwan